Angelika Bartram und Jan-Uwe Rogge

Kleine Helden – große Reise

Geschichten, die stark machen

Mit Illustrationen von
Annette Swoboda

Rowohlt Taschenbuch Verlag

Originalausgabe
Veröffentlicht im Rowohlt Taschenbuch Verlag,
Reinbek bei Hamburg, Juni 2011
Copyright © 2011 by Rowohlt Verlag GmbH,
Reinbek bei Hamburg
Lektorat Svenja Hoffmann
Umschlaggestaltung any.way, Barbara Hanke / Cordula Schmidt
(Abbildung: Annette Swoboda)
Satz Adobe Garamond Pro (InDesign)
beim Herstellungsbüro, Hamburg
Druck und Bindung Druckerei C. H. Beck, Nördlingen
Printed in Germany
ISBN 978 3 499 21597 1

Inhalt

Vorwort

Dies ist der fünfte, der letzte Band über unsere kleinen Helden, die sich nun endgültig auf den Weg machen, sich selbst zu finden. Sie haben sich mit ihren Ängsten und Unsicherheiten auseinandergesetzt, haben in sich hineingehört und manchmal eine Riesenwut gespürt, sie haben den Wert von Freundschaft erfahren und sich als starke Persönlichkeiten erlebt. Nun begeben sie sich auf die Reise, sie brechen auf in unbekannte Gefilde, und ihre Abenteuer stehen unter der Überschrift: *Der Weg ist das Ziel.*

Die Geschichten erzählen davon, dass manche Wege erst beim Gehen entstehen, dass man nicht immer wissen muss, wo das Ziel liegt, wenn man losgeht. Die Geschichten ermutigen, selbst aufzubrechen, nach dem Motto:

«Es ist nicht wichtig, dass du es kannst,
es ist wichtig, dass du es tust!»

In den Abenteuern, die die kleinen Heldinnen und Helden erleben, verstecken sich symbolische Geschichten für viele Lernprozesse. Und indem Kinder diese Geschichten lesen und hören, machen sie sich mit den kleinen Helden auf den Weg, werden ermutigt, ihrem eigenen phantastischen Potenzial zu vertrauen, werden in ihrer Imaginationskraft bestärkt, aber auch darin, sich selbst anzunehmen und zu akzeptieren. In den Geschichten geht es um Selbstvertrauen, um Ermutigung, um psychische Kraft und mentale Stärke. Und sie zeigen, dass Reisen manchmal sogar die Einsicht bringen können, dass der Ort, von wo aus man gestartet ist, genau der richtige ist.

Und noch von etwas anderem wollen unsere Geschichten erzählen: Mit der Vernunft und dem technischen Wissen wurden große Fortschritte erzielt, die den Alltag und das Leben erleichtert haben. Aber zugleich sind Magie und Phantasie häufig zweitrangig geworden, werden gar verkannt und belächelt, werden nicht mehr herangezogen, wenn es um die Bewältigung von Problemen und die Lösung von Konflikten geht. Im Denken und Handeln der Kinder jedoch ist der Zauber von Magie und Phantasie nach wie vor aufgehoben, lässt sich die Kraft von Magie und Phantasie erahnen.

Jedes Kind hat Schöpferphantasien, die für seine Entwicklung wichtig und richtig sind. Deswegen wendet sich die Rahmengeschichte dieses Buches einerseits an die Kinder, aber auch an ihre Eltern. Sie sollen ermutigt werden, jedem Kind seine Phantasien zu lassen und sie ernst zu nehmen.

So erzählt die Rahmenhandlung von Lina, die beim Abendessen mit einem Mal die Frage stellt: «Wo war ich, als ich noch nicht hier war? Und wer oder was war ich?» Die Eltern – vor allem der Vater – sind mit der Frage in dieser Situation überfordert. Sie vertrösten Lina auf den nächsten Tag und bringen sie ins Bett.

Alleingelassen mit ihren Fragen, phantasiert sich Lina einen Freund herbei: Lumin.

Er hat vergessen, woher er kommt. So beschäftigt beide dieselbe Frage, und gemeinsam gehen sie mit der Hilfe vom weisen Jau-Jau auf die Reise, um Antworten auf ihre Fragen zu finden.

Linas Traum

Manchmal, wenn man etwas tut, was einem sehr viel
Spaß macht, vergeht die Zeit viel schneller als sonst.
Und für Lina scheint an diesem Nachmittag die Zeit
wie im Flug zu vergehen. Sie hat ein großes Bild
gemalt mit einer Wiese mit vielen bunten Blumen,
einem stahlblauen Himmel, einer strahlenden Sonne
und ein paar Wolken. Die Sonne ist besonders groß,
und ihre Strahlen reichen durch die Wolken hindurch
bis auf die Wiese hinunter.

Als ihre Mama jetzt ins Zimmer kommt und Lina daran erinnert, dass es Zeit für das Abendbrot ist, will Lina das erst gar nicht glauben. Gerade war es doch noch Mittag. Und überhaupt hat sie sich eben vorgestellt, wie es wohl wäre, auf den Wolken herumzuhüpfen. Da fällt es ihr schwer, jetzt so schnell wieder in die normale Welt einzutauchen und sich mit an den Abendbrottisch zu setzen.

Als ihr die Mama kurz darauf ein Tomatenbrot schmiert und ihr der Papa «Guten Appetit» wünscht, träumt Lina immer noch. Gedankenverloren kaut sie an ihrem Brot.

«Lina, was ist mit dir?», fragt ihr Papa.

Lina träumt weiter. Dafür antwortet die Mama.

«Vielleicht denkt sie daran, dass du versprochen hattest, ihr eine Sonne fürs Fenster zu basteln.»

«Du weißt doch, was die letzte Zeit bei der Arbeit los war», entschuldigt sich der Papa.

«Lina, Schatz, du verstehst das, oder?»

Lina nickt kurz und träumt weiter.

«Siehst du, wie vernünftig unsere Tochter ist. Das hat sie von mir!», freut sich der Papa und grinst Lina an.

Lina lächelt zurück. «Du, Papa, wo war ich eigentlich, als ich noch nicht hier auf der Welt war?»

Linas Papa und Mama schauen sich verdutzt an.

«Wie meinst du das, mein Schatz?», erkundigt sich Linas Mama sanft.

«Na ja … wo war ich da?»

«Diese Frage klären wir am besten ein anderes Mal. Das ist viel zu kompliziert», will der Papa ausweichen.

«Hab ich da vielleicht im Himmel gewohnt, in den Wolken? Oder war ich ein Wassertropfen oder eine Blume?»

«Lina, bitte, jetzt rede nicht so einen Blödsinn. Gerade habe ich noch gesagt, wie vernünftig du bist.»

«Jetzt lass sie doch!», versucht die Mama zu beschwichtigen. «Lass Lina doch mal erzählen.»

«Willst du das Kind jetzt auch noch in seinen Spinnereien unterstützen! Wennschon, dann sollten wir ihr das alles richtig erklären.»

«Ich spinne aber nicht», verteidigt sich Lina.

«Schon gut, Papa meint das ja nicht so. Der ist überarbeitet.»

Skeptisch mustert Lina ihren Papa.

«Lina, Schatz, am besten gehst du jetzt ins Bett, und morgen reden wir weiter», schlägt er vor.

«Ich will aber jetzt wissen, wo ich herkomme», quengelt Lina.

Aber es nützt ihr nichts.

Kurze Zeit später wird Lina in ihr Bett verfrachtet. Ihre Mama deckt sie gut zu und erzählt ihr noch eine kurze Gutenachtgeschichte. Und ihr Papa versucht sie zu trösten: «Wenn du jetzt schön schläfst, bekommst du morgen, wenn du aufwachst, auch eine Überraschung.» Dann machen die Eltern das Licht aus, verlassen das Zimmer.

Lina schließt die Augen und versucht einzuschlafen. Aber sie schafft es nicht. So knipst sie das Licht an ihrer Nachttischlampe an, steht auf und betrachtet ihr Bild noch einmal genauer: die Wiese mit den bunten Blumen, die Sonne am Himmel und die Wolken.

Da entdeckt sie auf einer Wolke einen Jungen mit grünen Haaren. Er winkt ihr zu.

«Komisch, habe ich den auch gemalt?», fragt sich Lina.

Sie kneift die Augen zu. Der Junge ist immer noch da, als sie die Augen wieder öffnet. Und wieder winkt er ihr.

«Wer bist du?», ruft sie ihm zu.

«Ich bin Lumin», ruft er zurück. «Und ich weiß nicht, wie ich von dieser Wolke runterkommen soll.»

Lina hat eine Idee, wie sie ihm helfen kann. Sie malt einfach eine Leiter, die von der Wolke bis auf den Boden reicht.

«So, jetzt müsste es gehen.»

Vorsichtig probiert Lumin aus, ob die Sprossen ihn auch tragen. Langsam setzt er erst einen Fuß auf die oberste Sprosse, dann den nächsten darunter. Es funktioniert! Die Leiter hält. Schnell klettert Lumin

Sprosse für Sprosse weiter hinab, bis er unten ankommt. Lumin läuft ein paar Schritte über die Wiese,
erreicht den Rand des Bildes, und als er nun seinen
Fuß weiter ausstreckt, steht er mit einem Mal mitten
in Linas Zimmer.

Neugierig geht Lina um ihn herum und betrachtet
ihn ganz genau. Eigentlich sieht er aus wie ein ganz
normaler Junge, wenn da nicht seine Haare wären. Sie
sind so grün wie das Gras auf Linas Bild. Ihr fällt ein,
dass Kobolde oft grüne Haare haben.

«Wo kommst du her? Bist du ein Kobold?»

Lumin seufzt. «Das weiß ich nicht. Das ist mein
Problem. Ich habe keine Ahnung, wer ich bin, und ich
weiß auch nicht, wo ich herkomme.»

«Wieso weißt du das nicht?», wundert sich Lina.

Lumin zuckt mit den Schultern. «Wo kommst du
denn her?»

«Wenn ich das wüsste!», seufzt jetzt auch Lina.

«Du weißt es auch nicht?»

Lina schüttelt den Kopf. «Aber ich würde es wirklich gerne wissen.» Und auf einmal kommt ihr ein
Gedanke.

«Vielleicht finden wir es gemeinsam heraus? Nur,
… wie sollen wir das machen?»

Für einen Moment sind beide ratlos. Auf der Suche
nach irgendeiner Idee schaut Lumin sich in Linas

Zimmer um. Sein Blick bleibt an einem bunten Fesselballon hängen, der als Schmuck von der Decke hängt.

«Wie wär's damit?», schlägt Lumin vor.

Lina fängt an zu lachen. «Da passen wir doch gar
nicht rein.»

«Das stimmt», gibt Lumin ihr recht. «Der müsste
schon ein bisschen größer sein. Ein Freund von mir ist
mit so einem Fesselballon um die Welt gereist. Schade,
dass er nicht gerade in der Nähe ist.»

«Jau, er ist in der Nähe!», hören sie da plötzlich eine
tiefe Männerstimme sagen.

Erschrocken schaut Lina sich um. «Ist dein Freund
ein Gespenst?», erkundigt sie sich zaghaft.

«Nein, das ist der weise Jau-Jau.» Und Lumin ruft in
den Raum: «Na, komm schon, Jau-Jau, zeig dich!»

Da wird er unversehens sichtbar. Er hat einen
Schlapphut auf und trägt einen Mantel mit ganz vielen Taschen.

«Jau, was sagt ihr zu dem Trick? Habe ich von einem
Zauberer gelernt.»

«Bist du der weise Jau-Jau?», erkundigt sich Lina
erstaunt.

«Jau», antwortet der Weise. «Mit richtigem Namen
heiße ich allerdings Ibu Alli Dalli Saliba Arriba Tai-
Fun al Schock Ibn Ala Basta Wan kum Zasta. Aber alle
meine Freunde nennen mich Jau-Jau.»

«Und wo kommst du her?», will Lina wissen.

Jau-Jau lacht. «Ich sehe schon, diese Frage beschäftigt euch wirklich sehr. Deswegen bin ich hier.»

«Siehst du, Lina», mischt sich jetzt Lumin ein. «Ich wusste doch, dass Jau-Jau uns helfen kann. Er kennt die Antwort bestimmt.»

«Jau. Oder besser gesagt, ich kenne den Weg, wie ihr eine Antwort findet. Den Weg kann ich euch zeigen. Aber die Antwort müsst ihr selber finden.»

«Ja, dann los!», schlägt Lumin vor und will schon zur Tür hinauslaufen. Doch dann stoppt er im letzten Moment, weil ihm noch etwas einfällt. «Ich habe vorher noch einen Wunsch, Jau-Jau. Wenn du so gut zauberst, kannst du mir dann nicht die grünen Haare wegzaubern? Meine alte Haarfarbe war mir lieber.»

«Und was war deine alte Haarfarbe?», fragt Lina.

Lumin denkt nach. Jetzt erst fällt ihm auf, dass er das auch vergessen hat.

«Keine Sorge», tröstet ihn Jau-Jau. «Die kommt von ganz alleine wieder, wenn du die Antwort findest.»

«Sonst können wir dir die Haare auch färben», schlägt Lina vor. «Meine Mama weiß, wie das geht.»

«Jau, seid ihr bereit?», erkundigt sich der Weise.

Lina und Lumin nicken.

«Dann kann's losgehen!»

Lina blickt sich gespannt um. «Womit wollen wir denn reisen?»

Jau-Jau deutet auf den Fesselballon an der Decke. «Damit! Wir schließen die Augen und stellen uns jetzt einfach mal vor, wir stehen gemütlich in so einem Ballon und reisen durch die Nacht. Denn jetzt ist es ja noch Nacht.»

Lina und Lumin tun, was
Jau-Jau vorschlägt. Und in
ihrer Vorstellung geht alles
ganz einfach. Auf einmal ist der
Fesselballon groß, und sie stehen
mit Jau-Jau in dem großen Korb,
der an ihm befestigt ist. Sie spüren,
wie der Fahrtwind sanft über ihr Gesicht streicht.

«Jau. Jetzt könnt ihr die Augen wieder öffnen.»

Lina und Lumin schauen sich verwundert um. Ja, jetzt
sitzen sie wirklich in dem Ballonkorb. Und der große
bunte Fesselballon schwebt langsam durch die Nacht.
Die Sterne funkeln, und der Mond leuchtet über
ihnen.

Mit einem Mal wird es Lina doch ein wenig mulmig
zumute.

«Jau-Jau, meinst du denn, wir finden auch wieder
zurück?»

Der Weise lächelt sie an.

«Jau, bisher hat noch jeder zurückgefunden. Keine
Sorge, Lina.»

Lina wird neugierig. «Wer ist jeder?»

«Jeder der Helden und Heldinnen, die sich so wie
ihr auf eine Reise begeben haben.»

«Können wir die nicht besuchen?», schlägt Lumin vor.

«Jau, deswegen sind wir doch unterwegs. Du wirst es nicht glauben, aber den Ersten treffen wir noch vor Mitternacht.»

Und Lina und Lumin fahren mit Jau-Jau zusammen im Fesselballon weiter durch die Nacht …

Mumpelfitz und Kokolores

Quietsch, kratsch, zrrong!» Angestrengt strich Mumpelfitz über die Saiten seiner Horrorgeige und bemühte sich, die Übungen so hinzubekommen, wie sein Vater es ihm erklärt hatte. Denn Mumpelfitz war ein Klangmonster, genauer gesagt ein Klangmonsterprinz. Mumpelfitz' Vater war König Schreckwan, der Herrscher im Klangmonsterreich. Keiner spielte so gut wie er auf der Horrorgeige. Die Töne, die er ihr entlockte, ließen jeden erzittern. Dagegen hörten sich die Klagelieder von Schreckgespenstern an wie kuschelige Gutenachtmelodien. Und König Schreckwans Wunsch war, dass sein Sohn eines Tages genauso furchteinflößend quietschend schräg auf der Horrorgeige spielte wie er. Denn als echtes Klangmonster sollte Mumpelfitz lernen, Angst und Schrecken zu verbreiten. Aber sosehr Mumpelfitz auch übte, seinem Vater war es nie furchterregend genug.

Mumpelfitz wollte gerade zu einer neuen Klangfolge ansetzen, da hörte er seinen Vater kommen. Laut hallten seine Schritte durch die Gänge der Monsterburg. «Diesmal zeige ich es ihm!», nahm sich Mumpelfitz vor, kniff die Augen vor Anstrengung zusammen und kratzte mit seinem Bogen auf der Geige hin und her.

«Quietsch, kratz, krrong, zong!», machte die Geige. Stolz strahlte Mumpelfitz seinen Vater an. So einen grässlichen Ton hatte er noch nie herausbekommen.

König Schreckwan schaute erst seinen Sohn an, dann die Geige. Gespannt wartete Mumpelfitz ab.

«Damit erschreckst du ja noch nicht mal eine Fliege!», polterte Mumpelfitz' Vater los. «Wie oft muss ich dir das denn noch vormachen? Bist du wirklich so begriffsstutzig, oder was ist los?»

Der kleine Monsterprinz hatte vor Angst und Enttäuschung einen dicken Kloß im Hals. Er brachte kein Wort heraus.

«Also hör zu», fuhr sein Vater fort. «Ich hab's jetzt eilig, weil ich auf eine Monsterkonferenz muss. Aber wenn ich heute Abend zurückkomme, dann erwarte ich, dass du mir die Übung perfekt vorspielst. Haben wir uns verstanden? Beim dreimal gebogenen Monsterhorn, das kann doch nicht so schwer sein!»

Dann eilte König Schreckwan davon. Und Mumpelfitz kam es vor, als ob seine Schritte diesmal noch lauter durch die Monsterburg hallten.

Das kleine Monster war verzweifelt. Nichts machte es richtig. Sein Vater hatte schon recht … so würde nie ein anständiges Klangmonster aus ihm werden. Aber Mumpelfitz wollte kein Versager sein. Und er beschloss, seinem Vater zu beweisen, was in ihm steckte. Er schnappte sich seine Geige und den Bogen und machte sich auf, um im Klangmonsterreich irgendwo zu lernen, wie man richtig gut Horrorgeige spielte … so gut, dass seinem Vater die Ohren abfallen würden.

Mumpelfitz wusste nicht, wie lange er schon durch das Klangmonsterreich geirrt war. Mit einem Mal hörte er, wie das Dröhnen, Tuten und Pfeifen der Klangmauer, die dieses Reich umgab, immer lauter wurde. Das bedeutete, er war kurz vor der Grenze. Und da konnte Mumpelfitz die Klangmauer auch schon sehen. Diese Mauer war nicht wie andere Mauern aus Steinen zusammengefügt, sondern aus Drähten und Röhren. Die meisten dieser Röhren hatten Löcher wie Flöten. Deshalb erklangen sie, wenn der Wind durch sie hindurchblies.

Das Pfeifen, Dröhnen und Tuten wurde lauter, so als wollte es Mumpelfitz warnen. Verunsichert schaute sich der kleine Monsterprinz um, und vorsichtshalber ging er in einer besonders großen Röhre in Deckung. Plötzlich hörte er merkwürdige Klick-klack-Geräusche. Er suchte mit den Augen die Umgebung ab, um herauszubekommen, was das sein könnte. Da sah er einen knallroten fliegenden Teppich, der direkt auf die

Stelle zugesegelt kam, an der er sich versteckt hatte. Mit einem geschmeidigen Wirbel landete der Teppich. Und auf dem Teppich konnte Mumpelfitz ein Wesen entdecken, das in etwa so groß war wie er. Es war anscheinend kein Monster, denn es hatte kein Fell wie Mumpelfitz. Und auch keine Hörnchen auf dem Kopf. Dafür aber wirre, abstehende Haare, in die ganz viele kleine Kügelchen geflochten waren.

Dieses Wesen war Kokolores Kichererbse, ein Neckgespenst. Und die Kügelchen waren lauter Kichererbsen, Kokolores' Markenzeichen. Denn Kokolores fand an allem etwas zum Kichern. Es sei denn, jemand erschreckte sie, so wie Mumpelfitz es jetzt tat, als er ihr von hinten aus seinem Röhrenversteck zurief: «Du siehst ja witzig aus!»

Kokolores fuhr zusammen. «Pscht! Nicht so laut, sonst lockst du noch irgendein Monster herbei.»

«Ja, aber ich bin doch ein Monster», wollte Mumpelfitz gerade erklären. Aber so weit kam er nicht, Kokolores schaute sich hektisch nach allen Seiten um und ließ ihn nicht zu Wort kommen. Sie redete in einem fort: «Weißt du, Monster sind nämlich gefährlich. Vielleicht fressen die uns ja sogar auf? Die sind wirklich abscheulich, grässlich, grauenhaft! Da ist ein Gespenst ein Schmusehase dagegen.»

Und sie zog Mumpelfitz unter ihren fliegenden Teppich, damit sie sich dort verstecken konnten.

«Kokolores …», setzte Mumpelfitz noch einmal an. «So wie du Monster beschreibst, sind sie aber gar nicht.»

«Du hast ja keine Ahnung!», empörte sich Kokolores. «Ich bin zwar nur ein Neckgespenst. Aber ich kenn mich aus!»

«Hast du denn schon mal ein Monster getroffen?»

«Das wäre ja noch schöner! Bloß nicht!»

«Aber wir Monster sind doch nicht alle gleich.»

«Hoho! Und ob! Alle sind gleich bösartig.» Dann stutzte sie, weil sie den Satz erst jetzt richtig verstanden hatte. «Wir Monster? Warum sagst du denn ‹wir Monster›?»

«Na, weil ich ein Monster bin.»

«Du???» Kokolores starrte Mumpelfitz in einem fort an.

«Ja, ich bin Mumpelfitz.»

«Mumpelfitz, der Monsterprinz?», fragte Kokolores nach.

Mumpelfitz nickte.

«Warum bist du dann nicht in der Monsterburg?»

Und nun erzählte Mumpelfitz ihr, was er vorhatte, und erkundigte sich, ob sie denn nicht jemanden wüsste, der ihm Nachhilfeunterricht im Horrorgeigespielen geben könnte.

«Vielleicht kannst du es mir ja sogar selbst beibringen? Du bist doch ein Gespenst.»

«Ich bin ein Neckgespenst, Mumpelfitz. Und wir

Neckgespenster haben mit Schreckenslauten nichts am Hut. Wir wollen Spaß haben.»

Mumpelfitz seufzte. Eigentlich hatte er auch lieber Spaß. Aber das fand sein Vater gar nicht lustig.

«Ich hab eine Idee!», verkündete Kokolores stolz. «Hier in der Gegend soll sich gerade der große Schallschlucker herumtreiben. Der schluckt doch alle möglichen Töne. Da wird er ja wohl auch so ein paar Horrorklänge auf Lager haben.»

Mumpelfitz war begeistert von der Idee, und zusammen machten sie sich auf die Suche nach dem großen Schallschlucker.

Das Gück war auf ihrer Seite, denn schon nach kurzer Zeit kamen sie in eine Gegend, in der es ganz still war.

«Hier muss er irgendwo sein», flüsterte Kokolores. «Der hat bestimmt alle Töne verschluckt. Wie wär's, wenn du ihn mit der Horrorgeige anlockst?»

Mumpelfitz zögerte ein wenig.

«Ich weiß nicht, ob ich das schaffe. Ich habe heute noch gar nicht richtig geübt.»

«Na klar schaffst du das. Der große Schallschlucker frisst doch alle Töne!»

Mumpelfitz nickte nachdenklich, und schließlich begann er zu spielen. Erst noch zögerlich. Er bemühte sich, die Töne so schräg wie möglich zu geigen, quietschend, mehr wie eine Säge, die an den Nerven zerrt … wie eine Nervensäge.

Und da tauchte er auch schon auf: der große Schallschlucker. Er sah aus wie ein riesiger Kugelfisch mit zwei Entenfüßen. Statt eines Fischmauls hatte er aber nur einen großen, trichterförmigen Rüssel. Den streckte er in die Richtung, aus der die Töne kamen.

Und ehe Mumpelfitz und Kokolores begreifen konnten, was geschah, zog sie ein Sog nach innen in den kugeligen Bauch, und beide waren gefangen.

«Mehr! Mehr! Mehr!», befahl der große Schallschlucker mit dumpfer Stimme.

«Ich glaube, er meint, du sollst weiterspielen», flüsterte Kokolores Mumpelfitz zu.

Und der Monsterprinz geigte so schräg er konnte.

«Siehst du, ihm gefällt, was du spielst.»

«Aber mir nicht. Und außerdem habe ich keine Lust, für immer hier im Bauch des großen Schallschluckers zu sitzen.»

«Ach du dicke Kichererbse! Daran habe ich ja noch gar nicht gedacht. Du hast recht. Wenn dem das so gut gefällt, lässt der uns hier ja nie wieder raus!»

«Mehr! Mehr! Mehr!», tönte es dumpf.

Und während Mumpelfitz quietschend und sägend weiterfiedelte, überlegte er mit Kokolores fieberhaft, wie sie sich aus dem Bauch des großen Schallschluckers befreien konnten.

«Kannst du nicht etwas spielen, was er zum Kotzen findet? Dann spuckt er uns vielleicht wieder aus?»

Mumpelfitz musste laut lachen über Kokolores' Vorschlag. Und mehr aus Scherz geigte er eine fröhliche Melodie.

«Uäh! Grrröhnööö!», schimpfte der Schallschlucker. «Von dem Mist wird einem ja kotzübel!»

«Das ist es!», jubelte Kokolores begeistert. «Mumpelfitz, mach weiter!»

Mumpelfitz geigte so fröhliche Töne, wie er sie noch nie gegeigt hatte. Schlagartig machte ihm das Geigespielen sogar Spaß. Er spielte und spielte immer weiter, und Kokolores wippte mit ihrem Kopf im Takt dazu. Beide fühlten sich pudelwohl, obwohl sie immer noch im Schallschluckerbauch steckten.

Aber mit einem Mal begann alles um sie herum zu erzittern …

Ein Wirbel ergriff sie, schleuderte sie mehrmals durcheinander, bis sie, wie von einem unsichtbaren Staubsauger erfasst, nach außen gepustet wurden.

Als Mumpelfitz wieder festen Boden unter den Füßen hatte, war der kleine Monsterprinz wie verwandelt. Er fühlte sich kraftvoll wie nie. Und er beschloss, ab jetzt nur noch die Töne zu spielen, die ihm Spaß machten. Kokolores bestärkte ihn in dieser Idee. Aber plötzlich begann Mumpelfitz zu zweifeln. Was würde sein Vater dazu sagen?

Kokolores munterte ihn auf: «Hey, du hast den großen Schallschlucker mit deinem Geigenspiel ausgetrickst! Du musst vor nichts mehr Schiss haben! Da kann dein Vater noch so toben.» Und dass er toben würde, davon war das Neckgespenst überzeugt. Deswegen versprach es auch, Mumpelfitz in die Monsterburg zu begleiten.

Dort wartete der Monsterkönig schon ungeduldig auf seinen Sohn.

Als er die Geschichte hörte, sagte er zunächst kein

Wort. Und je länger sein Schweigen dauerte, desto unsicherer wurde Mumpelfitz.

«So, du willst ab jetzt nur noch die Töne spielen, die dir Spaß machen, habe ich das richtig verstanden?»

Mumpelfitz glaubte einen drohenden Unterton in der Stimme seines Vaters zu hören. Trotzdem antwortete er mutig: «Ja, genau. Hier, wie findest du das?» Und er fiedelte seinem Vater etwas besonders Fröhliches vor.

Grimmig verfolgte der Monsterkönig Mumpelfitz' Geigenspiel.

Als es zu Ende war, schwieg er wieder und brummte dann nur etwas Unverständliches.

Mumpelfitz warf Kokolores gespannte Blicke zu.

«Pass auf. Gleich fängt er doch an zu toben», flüsterte er.

«Weißt du was, mein Sohn …», meldete sich nun Mumpelfitz' Vater wieder zu Wort. Und Kokolores duckte sich vorsichtshalber, weil sie einen Wutausbruch erwartete.

Aber mit ungewohnt sanfter Stimme fuhr der Monsterkönig fort: «Mumpelfitz, mein Sohn, ich bin stolz auf dich, dass du so bestimmt sein kannst. Wenn dich diese Töne so stark machen, dann sind es wohl genau die richtigen für dich!»

«Meinst du das wirklich, Papa?»

«Aber ja. So mutig habe ich dich noch nie erlebt. Du hast es ja sogar gewagt, dich mir zu widersetzen.»

Mumpelfitz strahlte das Neckgespenst an. «Kokolores, was sagst du dazu?»

Das Neckgespenst kriegte vor Staunen seinen Mund kaum zu. Doch dann stellte es beeindruckt fest: «Wow! Monster sind ja wirklich ganz anders, als ich dachte!»

«Das finde ich auch!», stellt Lina fest.

«Trotzdem glaube ich nicht, dass ich aus dem Monsterreich komme.»

«Also ich bin mir da nicht sicher.» Nachdenklich kratzt sich Lumin am Kopf und fühlt plötzlich etwas, das vorher noch nicht da war. «Was ist das denn?»

Jau-Jau und Lina schauen ihn an.

Der Weise schmunzelt, und Lina glaubt ihren Augen nicht zu trauen.

«Lumin, du hast ja plötzlich auch zwei Hörnchen.»

«Das sind Hörnchen? Hm ... solche Hörnchen hab ich bestimmt noch nie gehabt.»

«Sieht aber cool aus», findet Lina.

Lumin tastet die Hörnchen ab, klopft dagegen und zieht daran. Sie sitzen so fest wie seine Haare.

«Jau-Jau, muss ich die jetzt für immer behalten?»

«Kommt drauf an ...», erklärt der Weise. «Wenn du aus dem Monsterreich kommst, gehören sie zu dir. Wenn nicht, verschwinden sie wieder.»

«Darf ich die Hörnchen auch mal anfassen?», erkundigt sich Lina.

«Na klar.» Lumin beugt den Kopf zu ihr herunter, und Lina berührt die beiden Hörnchen, die aussehen wie große Vanillekipferl.

«Auf jeden Fall fühlen sie sich gut an. Und vielleicht kennt Jau-Jau noch eine Geschichte, in der Monster drin vorkommen. Dann kannst du vielleicht eher sagen, ob dir da etwas bekannt vorkommt.»

«Jau, wir steuern schon direkt auf die nächste Geschichte zu.»

Ein Windstoß treibt den Fesselballon in eine Gegend, in der am Boden viele Lichter zu erkennen sind.

«Aber das sieht ja aus wie eine ganz normale Stadt», stellt Lina erstaunt fest. «Wo sollen hier denn Monster sein?»

Jau-Jau zeigt auf ein Haus, vor dem drei Fahrräder stehen.

«Jau, dort unten, da lebt Johnny. Und der weiß genau, wo man hier Monster findet.»

Und Jau-Jau erzählt seine nächste Geschichte …

Wie Johnny, der kleine Angsthase, stark wurde

Johnny hatte es leicht – aber manchmal auch nicht. Das kam darauf an, wo er gerade war. Im Kindergarten war er «Johnny, der Große», der «Starke». Dort konnte er ganz mutig sein. Nur zu Hause, da war er der «kleine Angsthase», der sich nicht einmal traute, alleine in den Keller zu gehen, weil er sich vor den Monstern, die dort in dunklen Löchern hausten, schreckliche Fratzen hatten und schrille Schreie ausstießen, mehr als nur fürchtete. Und nachts krabbelte er zu den Eltern ins Bett, weil er in seinem Zimmer überall Gespenster sah, die ihn entführen und mit in ihre Höhle schleppen wollten.

Johnny hatte drei große Brüder. Leon und Nick machten sich über ihren «kleinen Angsthasen» nicht nur lustig, manchmal verkleideten sie sich um Mitternacht als Geister, hüllten sich in weiße Gardinen und polterten in Johnnys Zimmer, um ihn zu erschrecken. Johnny fand das überhaupt nicht lustig. Er zitterte selbst dann noch am ganzen Leibe, wenn sich Leon und Nick zu erkennen gaben. Nur seinen ältesten Bruder, Mario, fand er toll, weil er ihn gegen die beiden anderen verteidigte.

Und außerdem, fand Johnny, waren Monster und Gespenster sowieso total feige, weil man sie nie wirklich zu Gesicht bekam: Mal lungerten sie in dunklen Kellerlöchern herum, mal kamen sie nachts, wenn man sie nicht sehen konnte. «Ich würde diesen blöden Biestern so gerne die Meinung sagen. Aber die lassen sich ja nicht blicken!» Johnny schüttelte ratlos seinen Kopf, sodass seine langen blonden Haare hin und her wehten. «Hast du schon welche gesehen?», fragte er dann nachdenklich seinen Bruder. Mario lächelte und nickte. «Und hast du denn keine Angst gehabt?» Johnny guckte ihn erwartungsvoll an. «Überhaupt nicht. Keine Sekunde!», schmunzelte Mario. «Und wieso nicht?», fragte Johnny neugierig. «Die sehen so was von bescheuert und doof aus. Kannst du mir glauben!», antwortete Mario. «Dann will ich die auch sehen!», brach es aus Johnny heraus. «Aber wo nur?» – «Vielleicht habe ich da so eine Idee», meinte der Ältere geheimnisvoll.

Bald darauf nahm Mario seinen Bruder beiseite und erzählte ihm, heute wolle er mit ihm Gespenster und Monster besuchen. Er wisse, wo welche wohnen würden. «Aber dazu müssen wir eine kleine Reise machen», erklärte Mario. «Wirklich? Richtige Gespenster?» Johnny wirkte einigermaßen skeptisch. «Klar, Bruderherz!», rief Mario, schlug ihm mit der flachen Hand auf die Schulter. «Aber du bleibst bei mir! Versprochen!», bat Johnny mit leiser, etwas zittriger Stimme. «Ist versprochen. Ehrenwort!»

An der Haustür kam ihnen Leon entgegen, der sie fragte, wohin sie denn nun gehen würden. «Gespenster besuchen und vertreiben!», platzte es aus Johnny heraus. Leon schüttelte den Kopf: «Jetzt spinnst du wohl total, kleiner Angsthase.» Dann grinste er komisch: «Dann viel Spaß!»

Mario und Johnny fuhren mit dem Bus in die nächste Stadt. Und je näher die hohen Häuser kamen, umso stiller wurde Johnny. Er drückte sich fest an seinen Bruder. Dann hielt der Bus, und sie stiegen aus. Johnnys feuchte, kalte Hand umklammerte Marios.

In der Ferne hörten sie Musik, Karussellgeklingel, der Duft von Würstchen und Lebkuchen hing in der Luft. Es war Jahrmarkt. Und Johnny konnte sich nicht erinnern, wann er das letzte Mal da gewesen war. Er wusste nur noch, wie er auf einem Feuerwehrauto Karussell gefahren war und mit der Sirene gespielt hatte. Das war schön gewesen, aber er hatte auch Angst davor gehabt, dass es ihm schwindlig werden könnte.

Sie gingen schnurstracks über den Markt und blieben vor einer Geisterbahn stehen, von der ihnen Gesichter von Gespenstern und Monstern entgegenstarrten. Schaurige Fratzen. Und aus dem Inneren der Bahn

35

klangen gruselige, furchterregende Geräusche. Eltern und Kinder fuhren mit kleinen bunten Wagen hinein in das Dunkel der Geisterhöhle. Dann ertönten Schreie. Aber die Wagen kamen am anderen Ende wieder heraus. Und auch die Erwachsenen und Kinder lebten noch und hatten anscheinend ihren Spaß.

«Komm», meinte Mario, «da gehen wir jetzt rein.» Johnny zögerte: «Noch nicht!» Er hielt sich an seinem Bruder fest. Und er beobachtete andere Kinder, die mit

leuchtenden Augen und aufgeregt schnatternd aus dem Wagen stiegen. Aus dem Inneren der Bahn hörte er ununterbrochen Gekreische und Gejauchze.

«Komm!», rief Johnny mit einem Mal, zog Mario zur Geisterbahn, wo sie sich in einen Wagen setzten. Und ab ging die Fahrt. Johnny klammerte sich zitternd an die Brüstung des Wagens. Plötzlich tauchte ein bleich leuchtendes Monster mit weit aufgerissenem Maul und gelb funkelnden Augen vor ihnen auf, das wild mit den Armen um sich schlug. Als dann auch noch der Wagen anfing gefährlich zu ruckeln, verschwand Johnny unter dem Sitz.

Doch als Johnny wieder draußen ankam, den fröhlichen Lärm um sich herum hörte, da setzte er sich wieder aufrecht auf in dem Wagen. «Noch mal!», forderte er seinen Bruder auf. Und wieder versteckte sich Johnny unter dem Sitz und umklammerte die Beine seines Bruders, als der Wagen die erste Kurve erreichte.

Nun verlangte Johnny eine dritte Fahrt. Als er die ersten Gespenster sah, blieb er aufrecht sitzen, hielt sich die Hände vor sein Gesicht. Und Mario beobachtete, wie Johnny sie einen Spalt offen ließ, durch den er die Schreckensgestalten beobachtete. Oder er schrie laut auf. Es schien fast so, als wollte er die gruseligen Monster erschrecken.

«Na?», fragte Mario ihn, als die Fahrt zu Ende war und er Johnnys schweißnasse Hände spürte: «Hast du Angst gehabt?» – «Quatsch!», rief Johnny empört: «Überhaupt nicht!» – «Aber du hast ganz laut gebrüllt!» Johnny lachte: «Ich hab gebrüllt: ‹Weg! Weg, ihr Gespenster! Haut ab!›» Dann nickte er: «Mario, ich finde, Gespenster sind wirklich feige! Die hauen sofort ab, wenn man sie anschreit!» Mario lachte, und da musste Johnny einfach mitlachen.

«Und jetzt?», fragte Mario. Und gab sich selber eine Antwort: «Ab nach Hause. Das reicht für heute!» – «Nein!», meinte Johnny bestimmt: «Jetzt will ich noch mal fahren. Mal sehen, ob die Gespenster noch immer so feige sind!»

Als sie zu Hause ankamen, fragte Leon gleich, was sie erlebt hatten. «Das war spitzenklasse!», erzählte Johnny fröhlich: «Ich hab Gespenster gesehen und sie besiegt!» – «Hör auf zu spinnen!», antwortete Leon von oben herab. Da sprang Johnny auf, rannte zur Kellertür, lief mit lautem Gebrüll die Kellertreppe herunter und schrie: «Ihr feigen Gespenster! Wo seid ihr?» Als Johnny wieder aus dem dunklen Keller zurückkam, schmunzelte Leon mitleidig: «Du spinnst wirklich!» Johnny lächelte: «Aber ein Angsthase bin ich nicht mehr!»

Lina nickt, als Jau-Jau die Geschichte zu Ende erzählt hat. «Das hat Johnny wirklich gut hingekriegt.»

Und auch Lumin streckt anerkennend den «Siegerdaumen» hoch. «Ich glaube, mir wären vor Schreck vor den ganzen Monstern und Gespenstern die Haare ausgefallen.»

Lina und Jau-Jau schauen ihn an und wundern sich.

«Was ist?», fragt Lumin. «Sind meine Hörnchen weg?»

«Deine Hörnchen schon …», druckst Lina herum. «Aber mit den Hörnchen sind auch ein paar Haare verschwunden.»

«Was?» Lumin greift sich an den Kopf und fühlt nur noch einen Haarkranz, wie Clowns ihn oft haben.

«Jau-Jau, was soll das denn?»

«Jau, da ist wohl wahr geworden, was du geglaubt hast. Dir sind vor Schreck ein paar Haare ausgefallen.»

«Kannst du sie mir nicht wieder zurückzaubern?»

«Wenn du dort angelangt bist, wo du hingehörst, kommen auch die Haare wieder.»

«Na los! Dann lass uns schnell dahin fahren! Also von hier scheine ich jedenfalls nicht zu kommen.»

«Ich schon», stellt Lina fest. «Aber wo war ich vorher bloß?»

Schweigend und nachdenklich blicken die drei in die Ferne.

Langsam schwebt der Ballon über die Stadt hinweg.

Am Horizont geht die Sonne auf und färbt den Himmel sanft rosarot. Ein Vogel fliegt der Sonne entgegen. Lina verfolgt seine schwungvollen Kreise am Himmel.

«So zu fliegen ist bestimmt schön.» Und mit einem Mal kommt ihr eine Idee. «Vielleicht war ich ja etwas ganz anderes, bevor ich auf diese Welt kam. Zum Beispiel ein Vogel?»

Unter ihnen taucht ein Wald auf. Das Gezwitscher von vielen verschiedenen Vögeln ist zu hören.

Und Jau-Jau erzählt seine nächste Geschichte. Sie handelt von einem Vogel, genauer gesagt von einem kleinen Kuckuck.

Kleiner Kuckuck ganz groß

Die Sonne schickte ihre ersten Strahlen über die Wipfel des Waldes. Freudig begrüßten die Vögel den neuen Tag. Nur aus einem kugeligen Nest im Dickicht am Waldrand war lautes Gezeter zu hören. Die Zaunkönige Ziffi und Zoffi beschwerten sich bei ihrem Mitbewohner, einem kleinen Kuckuck, dass er sich viel zu breit machen würde in ihrem Nest. Der Kuckuck versuchte, sich so weit zusammenzuducken, wie er nur konnte. Aber mehr ging eben nicht.

Er merkte selbst, wie er jeden Tag immer größer wurde, viel größer als die Zaunkönige. Aber sie waren in der Überzahl und verspotteten den Kuckuck.

«Du bist zwar dick und groß, aber was kannst du schon? Was da aus deinem Schnabel rauskommt, ist doch kein Gesang. Das ist doch nur ein Krächzen.» Und sie ahmten ihn nach: «Kugeluck, Kugeluck!» Denn der kleine Kuckuck konnte noch nicht richtig «Kuckuck» sagen. Er verschluckte sich immer vor Aufregung. Und dann war nur ein «Kugeluck» zu hören. Er schämte sich deswegen und wollte seinen Schnabel am liebsten gar nicht mehr öffnen.

«Ach, schau an, jetzt hat es ihm das Krächzen verschlagen!», verhöhnte ihn Zoffi. «Feige ist er auch noch.»

«Ja, du brauner Federmops, du solltest dir ein Beispiel an uns nehmen», stichelte Ziffi. »Wir sind zwar klein, aber unsere trillernden Zwitschergesänge sind berühmt.»

«Fast so berühmt wie unser Mut», prahlte Zoffi weiter. «Ein Ururururopa von uns hat sogar einen Adler ausgetrickst.»

«Das glaub ich nicht», brummte der Kuckuck.

«Doch, du Dumpfbrummer.» Ziffi gab dem kleinen Kuckuck einen Stups mit dem Schnabel. «Als es darum ging, wer der König der Vögel werden sollte, gab es einen Wettbewerb, wer am höchsten fliegen kann. Und wer, glaubst du wohl, hat den gewonnen?»

Der kleine Kuckuck war jetzt so verschreckt, dass er gar nicht mehr antworten konnte.

«Na, wer wohl?» Zoffi plusterte sich vor Stolz extra dick auf. «Na, unser Ururururopa. Der ist nämlich einfach auf die Schultern vom Adler gestiegen und hat sich mit in die Lüfte hochtragen lassen Ganz oben ist er dann noch ein Stück höher geflogen als der Adler. Guter Trick, was?»

«Ja, und seitdem sind wir Könige … Zaunkönige.» Ziffi strich sich zufrieden über das Gefieder. «Und ich finde, du könntest jetzt eigentlich mal eine Verbeugung vor uns machen.»

Zoffi nickte zustimmend und freute sich diebisch über diese Idee.

Der kleine Kuckuck steckte seinen Kopf zwischen die Flügel. Am liebsten hätte er sich unsichtbar gemacht.

Ein Eichhörnchen hatte das alles beobachtet und pirschte sich an das Nest heran.

«Hey, warum lässt du dir das alles bieten?», flüsterte es dem Kuckuck zu.

«Was soll ich denn tun?», seufzte er.

«Na, was wohl. Hau ab! Mach die große Flatter! Pfeif auf die beiden!»

«Aber wo soll ich denn hin? Ich kenn mich doch hier nicht aus.»

«Dann lernst du die Gegend eben kennen. Aber dazu musst du deine Flügel schwingen. Wenn du sie immer nur ängstlich an deinen Körper presst, wird das nie was! Und ich sag dir, da unten auf der Erde, da wartet das Paradies auf dich. Nüsse so dick wie Kastanien! Knackfrisch!»

Der kleine Kuckuck kannte keine Nüsse, und Kastanien hatte er auch noch nie gesehen. Aber trotzdem hörte sich das, was das Eichhörnchen sagte, verlockend an. Und als die Zaunkönige ihn jetzt wieder triezten, mit ihren Schnäbeln piksten und sich lustig machten: «Na, bist du jetzt stumm geworden, du Federpflaume?», da reichte es dem Kuckuck. Er gab sich einen Ruck, richtete sich auf und flatterte mit den Flügeln.

«Hey, mach nicht so einen Wind!», beschwerten sich die Zaunkönige.

Aber der kleine Kuckuck flatterte wieder mit den Flügeln und probierte aus, wie sich das anfühlte.

Ziffi und Zoffi beobachteten ihn erstaunt.

«Was hast du vor?»

«Ich mach jetzt die große Flatter und finde einen Schatz!»

Das mit dem Schatz war dem Kuckuck so rausgerutscht. Irgendwie wollte er die Zaunkönige beeindrucken. Aber die lachten ihn nur wieder aus.

«Du und einen Schatz finden? Das ist ja wohl ein Scherz. Eher fängt ein Fliegenpilz an zu fliegen, als dass du einen Schatz findest.»

«Aber klar, ich finde die goldene Nuss», erklärte der kleine Kuckuck entschlossen. Und in dem Augenblick glaubte er selber, dass es so etwas gab. Er wippte noch kurz auf und ab, spreizte seine Flügel und flog los.

Mit offenen Schnäbeln schauten Ziffi und Zoffi hinter ihm her.

Als der kleine Kuckuck nun das erste Mal von Baumwipfel zu Baumwipfel flatterte, fühlte er sich so gut wie lange nicht. Am liebsten wäre er einfach weitergeflogen. Aber die Geschichte mit der goldenen Nuss ging

44

ihm nicht aus dem Kopf. So wie das Eichhörnchen von den Nüssen an der Erde geschwärmt hatte, gab es da bestimmt irgendwo auch eine goldene Nuss. Also setzte der kleine Kuckuck zum Senkflug auf den Waldboden an. Mittlerweile drehten sich all seine Gedanken nur noch um die Nuss. «Nuss, Nuss, Nuss, ich muss die goldene Nuss finden!»

Hastig durchpickte der Kuckuck den Waldboden. Er wollte die goldene Nuss unbedingt finden. Und er war so sehr damit beschäftigt, dass er den dunklen Schatten gar nicht bemerkte, der geschmeidig hinter ihm herschlich.

Der Schatten gehörte einem dunkel getigerten Kater mit einem buschigen Schwanz. Seine Augen funkelten grün wie das Moos am Waldboden. Er ließ den Kuckuck nicht aus den Augen. Gespannt schlich er hinter ihm her. Der Kater witterte leichte Beute, denn dieser Vogel schien ganz und gar damit beschäftigt zu sein, Würmer aus dem Boden zu picken. Noch ein, zwei Meter … dann wollte der getigerte Jäger zum Sprung ansetzen.

Der kleine Kuckuck hatte nichts davon bemerkt. Er wollte nur diese goldene Nuss finden, sonst gar nichts. Da traf er mit seinem Schnabel ein Schneckenhaus. Die Schnecke streckte erschreckt ihren Kopf heraus, und der Kuckuck wollte schon zupicken, da rief sie so laut sie nur konnte: «Halt! Warte! Hinter dir!»

Der Kuckuck stutzte, drehte sich um und konnte gerade noch sehen, wie der Kater zum Sprung ansetzte. Im letzten Moment rettete sich der kleine Kuckuck noch auf die Spitze des nächsten Baumes. Hier war er sicher. Der Kater stoppte, blickte grimmig zu ihm hinauf, knurrte etwas Unverständliches und schlich davon.

Der kleine Kuckuck atmete tief durch. Der Schreck saß ihm noch im Gefieder. Als der Kater weit und breit nicht mehr zu sehen war, flog er zur Schnecke zurück und bedankte sich.

«Ja, mit diesem Kater ist nicht zu spaßen», warnte sie. «Vögel jagt er besonders gerne, je kleiner, umso lieber.»

Der kleine Kuckuck dachte an die Zaunkönige. Er musste ihnen von der Katze erzählen. Deshalb wollte er gleich wieder zu ihnen zurückfliegen, auch wenn er die goldene Nuss noch nicht gefunden hatte. Vorher erkundigte er sich aber bei der Schnecke, ob sie vielleicht irgendwo eine goldene Nuss gesehen hätte. Leider kannte sich die Schnecke mit Nüssen nicht aus.

«Eine Nuss? Was ist das denn?»

«Weiß ich auch nicht so genau. Rund sollen sie sein, hat mir das Eichhörnchen erzählt. Außen ganz hart und innen sehr lecker.»

«Ach so. Vielleicht sind das, was ich heute Morgen entdeckt habe, Nüsse.»

Sie beschrieb dem kleinen Kuckuck den Weg zu einem nahegelegenen Gemüsegarten, wo sie sich immer satt fraß. Da wollte der kleine Kuckuck noch vorbeischauen. Und wirklich fand er dort etwas fast Rundes, Hartes: eine dicke Bohne, die in der Sonne getrocknet war. Der Kuckuck hielt sie für eine Nuss und flog zufrieden zurück.

Als er kurze Zeit später wieder am Waldrand in der Nähe des Zaunkönignestes ankam, wartete das Eichhörnchen schon auf ihn.

«Und? War die Nusssuche erfolgreich?»

«Ja. Ich hab zwar keine goldene gefunden, und ganz rund ist sie auch nicht. Aber schau selbst.» Der Kuckuck zeigte dem Eichhörnchen, was er im Gemüsegarten gefunden hatte.

Das Eichhörnchen schüttelte den Kopf. «O nee! Du hast wirklich keine Ahnung von der Welt. Das ist eine Bohne, keine Nuss!»

Da meldeten sich Ziffi und Zoffi auch schon aus dem Nest.

Sie hatten alles mit angehört. Schadenfroh lachten sie den kleinen Kuckuck aus.

«Haben wir doch gewusst, dass du das nicht schaffst!»

Aber dem kleinen Kuckuck machte es nichts aus. «Na und!», erwiderte er und staunte selber, dass er sich gar nicht darüber ärgerte. Aber irgendwie fühlte sich der kleine Kuckuck viel stärker. Immerhin war er dem Kater entkommen. Und er streckte seinen Kopf nach oben und erklärte stolz: «Die goldene Nuss habe ich vielleicht nicht gefunden. Dafür aber eine Zauberbohne!»

Die Zaunkönige lachten ihn aus.

«Zauberbohne! Bei dir piept's wohl!»

«Außerdem bin ich einem Kater entwischt, der mit Vorliebe die Vogelnester in der Gegend hier plündert.»

«Einem Kater?» Schlagartig hörten Ziffi und Zoffi auf zu lachen. Ein Kater! Das war eine ernste Sache!

Und da sah der kleine Kuckuck auch schon, wie sich ein dunkler Schatten aus der Ferne näherte.

«Kuckuck! Kuckuck! Da kommt er!», rief er aufgeregt.

Die Zaunkönige flüchteten flugs aus ihrem Nest auf den Kopf einer Vogelscheuche und versteckten sich in der Krempe ihres großen Strohhutes. Der Kuckuck landete daneben direkt auf der Blüte einer hohen Sonnenblume.

«Kuckuck, Kuckuck, Kuckuck!», rief er immer wieder so laut er nur konnte.

Der Kater schaute sich das Ganze von unten an und trollte sich brummend davon.

Als die Luft rein war, gratulierten die Zaunkönige dem Kuckuck.

«Hey, du hast ihn verjagt! Mit einem perfekten Kuckucksschrei!»

Von nun an war der kleine Kuckuck für die Zaunkönige ein großer Held.

Und ihre Bewunderung wuchs noch mehr, als kurze Zeit später eine Bohnenranke aus dem Boden spross … genau an der Stelle, an der der kleine Kuckuck die Bohne hatte fallen lassen. Die Zaunkönige waren jetzt vollauf begeistert. Der Kuckuck war nicht nur ein Held, er konnte anscheinend auch zaubern.

So nannte ihn niemand mehr «kleiner Kuckuck», sondern respektvoll nur noch «Kuckuck». Denn keiner konnte so fröhlich «Kuckuck» rufen wie er.

«Kuckuck, Kuckuck!», ruft auch Lumin fröhlich. Die Geschichte hat ihm besonders gefallen. Immerhin schien der Kuckuck zaubern zu können. Und vielleicht kann er ja auch seine Haare wieder herbeizaubern. Erwartungsvoll fährt er sich über den Kopf. Und diesmal fühlt er da oben wieder etwas.

«Jau-Jau, Lina, wie sieht es auf meinem Kopf aus? Sind die Haare wieder da?»

«Jau, da ist mächtig was gewachsen. Sieht aus wie eine Löwenmähne.»

Lina lacht. «Da brauchst du zu Karneval gar keine Perücke mehr, wenn du dich als Löwe verkleiden willst.»

Lumin seufzt. «Nein, das sind bestimmt auch nicht meine normalen Haare.»

Lina will ihn trösten. «Aber es sieht bärenstark aus.»

«Bärenstark!» Die Idee gefällt Lumin. «Bärenstark, das wär ich gerne mal.»

«Du meinst, so stark wie ein Bär?»

Lumin nickt und stellt sich vor, wie das wohl wäre.

«Jau-Jau, sind kleine Bären auch schon stark?», will Lina wissen.

«Und gibt es hier im Wald vielleicht auch Bären?»

«Jau», erklärt der Weise und erzählt seine nächste Geschichte.

Sie handelt von dem kleinen Bären Lasse …

«Ich schaff das schon!»

Lasse, so hieß der kleine braune Bär, der mit seinen Eltern in einem tiefen Wald lebte. Sein Papa Leo war schon alt, häufig mürrisch, und jede Kleinigkeit brachte ihn sofort auf die Palme. Lasse hatte immer ein wenig Angst vor ihm, weil er nie genau wusste, wie sein Papa gelaunt war: Mal war er gutmütig, und Lasse konnte machen, was er wollte, mal schrie und fluchte Leo sofort los. Lasse hielt sich dann fest die Ohren zu, damit sie ihm nicht wehtaten.

Lasses Mama Clara war ganz anders: Sie kümmerte sich zwar sehr lieb um Lasse, war aber mehr als ängstlich. Ständig hatte sie Angst um ihren «kleinen Bären». Lasse war nämlich sehr selbstbewusst und neugierig. Er war ein kleiner Forscher, der sich häufig allein auf den Weg in den dunklen Wald machte, um zu einem breiten Fluss mit klarem Wasser und einem herrlichen Strand zu gelangen. Lasse liebte es, in den kalten Fluten zu baden, zu schwimmen, nach kleinen Fischen zu fangen und mit ihnen zu spielen.

Aber der Weg durch den Wald mit seinen hohen Bäumen und dem dichten Gestrüpp war mehr als gefährlich. Bauern hatten hinterlistige Fallen aufgestellt, um die Bären zu fangen und ihr Fell zu verkaufen. Und dann waren da noch die Jäger, die mit ihren großen, schweren Gewehren gerne auf kleine Bären schossen.

Clara hatte große Angst um Lasse, obwohl sie eigentlich spürte, dass Lasse gar nicht leichtfertig oder unvorsichtig war. Lasse kannte den Wald so genau wie sein eigenes Bärenfell, wusste genau, wo er besonders aufpassen musste, schnupperte mit seiner Nase in jede Richtung und spürte, wann es brenzlig wurde. Er umging jede Falle und ahnte, wo sich Jäger auf die Lauer gelegt hatten.

Doch eines Tages kam Lasse zu spät in seine Höhle, weil es am Fluss zu schön gewesen war. Die Sonne hatte sein Fell gewärmt, und Lasse vergaß darüber die Zeit. Und dann hatte er noch seinen Kumpel Bruno getroffen und mit ihm gespielt. Lasses Mutter machte sich große Sorgen und war fast jede Minute vor den Eingang der Höhle gegangen. Sie war völlig aufgelöst, als Lasse endlich fröhlich lachend nach Hause kam. Mehr noch: Sie war stinksauer. Er musste ein großes Donnerwetter über sich ergehen lassen, so heftig, dass das Gebüsch erzitterte und sich die alten Tannen vor Schreck bogen. So laut hatten sie Lasses Mutter noch nie erlebt.

Für den nächsten Tag verbot sie Lasse, seine Freunde zum Fluss zu begleiten. «Hast du mich verstanden?», fragte Clara streng. Lasse lächelte. «Mir ist es ganz ernst!», wiederholte die Mutter. «Ganz ernst! Hörst du!» Lasse sagte nichts, aber er sah sich schon in Gedanken auf dem Weg durch Wald und Dickicht.

Und so geschah es. Am nächsten Tag linste Lasse vorsichtig aus der Höhle. Seine Eltern waren weg. Flink lief er aus der Höhle. Am Abend kam er pünktlich und gut gelaunt zurück. Es war ein schöner Tag gewesen. Die Sonne hatte den ganzen Tag aus einem blitzeblauen Himmel gestrahlt, und das klare Wasser des Flusses war wundervoll erfrischend.

Aber als er die Höhle erreichte, erwartete ihn ein Brüllen und Geschrei, wie er es noch nie vorher erlebt hatte. Sein Vater sperrte ihn wutentbrannt in den hintersten Winkel der Höhle, und von seinen zuckersüßen Lieblingsbeeren durfte Lasse auch nicht mehr naschen.

Als Clara sich zu Lasse kuscheln wollte, stieß er sie weg. «Ihr seid gemein», rief er mit gepresster, tränenerstickter Stimme. «Ihr seid so gemein.» Dazu nickte er so heftig mit seinem Kopf, dass seine Ohren hin und her flogen: «Ich bin schon ein starker Bär, und ich schaff's alleine!»

Der Vater verordnete Lasse Höhlenarrest, für drei Tage, wie er grimmig anmerkte. Und er hatte den Eingang der Höhle mit einem schweren Gatter aus Holz versperrt. «Damit du nicht auf dumme Gedanken kommst!», brummte Leo grollend.

Als die Eltern am nächsten Tag wieder unterwegs waren, um Fische zu fangen, kam Lasses Omi vorbei. Sie erschrak. Und als sie von Lasse hörte, was vorgefallen war, schüttelte sie nachdenklich den Kopf.

«Omi, ich kann's alleine! Ich bin groß. Und so stark wie Opa!», sagte Lasse ganz leise und schaute seine Omi lange mit seinen großen braunen Augen an. Lasses Opa war bereits vor ein paar Jahren gestorben. Er war schon sehr alt und müde gewesen. Und hatte sehr viel erlebt. Lasse hatte seinen Opa sehr gemocht und ihm immer gerne vor allem dann zugehört, wenn Opa von seinen Abenteuern erzählte, davon, wie er die Jäger hundert Meter gegen den Wind gerochen, jede Falle mit großer Sicherheit aufgespürt hatte. Und Opa wusste immer einen Rat, hatte Weisheiten parat. An eine erinnerte sich Lasse besonders: «Geh nur die Wege, die du genau kennst. Aber werde nicht übermütig und leichtsinnig. Vertrau auf deine Kräfte, dann kann dir nichts passieren. Und sage dir, ich schaffe es!»

Lasse erzählte seiner Omi von den Gesprächen mit seinem Großvater. Sie war gerührt, was Lasse von seinem Opa gelernt hatte. Plötzlich kramte sie in ihrer zotteligen Tasche, die vor ihrem dicken Bauch hing, der so viel Herzlichkeit verströmte.

«Hier», schmunzelte sie und zog eine bunte Feder hervor. Sie sah Lasse nachdenklich an: «Die hat dein Opa mal von einem Indianer geschenkt bekommen. Diese Feder hat Opa ganz viel Kraft gegeben. Die schenke ich dir.» Dann zog sich ein breites Grinsen über ihr Gesicht: «Mit dieser Feder schleichst du wie ein Indianer durch den Wald und passt gut auf. Wenn es gefährlich wird, dann umfasst du die Feder und sagst dir: ‹Ich schaffe das schon!›»

Nachdem die Omi mit Lasses Eltern gesprochen hatte, durfte der kleine Bär wieder alleine durch den Wald und an den Fluss gehen. Und obwohl Lasse viele aufregende Abenteuer zu bestehen hatte, passierte ihm nichts.

Nun ist Lasse selbst Vater eines übermütigen Sohnes, des Bären Paolo. Und da Lasse die Feder nun nicht mehr wirklich braucht, hat er sie Paolo geschenkt, damit er alle Abenteuer auch ganz alleine besteht.

Nach dieser Geschichte fühlt sich Lumin selbst fast wie ein Bär, so hat er mit Lasse mitgefiebert. Und er tastet seine Haare ab. Diesmal sind sie kürzer, weich und wuschelig.

«Ja, vielleicht bin ich ja eigentlich ein Bär! Was meinst du, Lina?»

Lina schaut Lumin von oben bis unten an und schmunzelt.

«Das könnte schon sein. Jetzt siehst du aus wie ein Bär. Aber mehr wie mein Teddybär.»

Und plötzlich muss Lina daran denken, dass sie ihn eigentlich auf diese Reise hätte mitnehmen können. Jau-Jau scheint ihre Gedanken zu erraten.

«Mach dir keine Sorgen, Lina, deinem Teddy geht's gut. Der wartet in deinem Bett auf dich.»

Lina ist erleichtert.

Lumin dagegen hopst unruhig im Korb hin und her. Alles fängt schon an zu schwanken.

Lina hält sich am Rand fest. «Was ist mit dir, Lumin?»

Lumin muss sich jetzt auch festhalten. Er holt tief Luft und erklärt entschlossen:

«Also damit das klar ist, ein Teddybär will ich auf gar keinen Fall sein.»

Jau-Jau und Lina werfen sich erstaunte Blicke zu.

«Und warum nicht?», will Lina wissen.

Lumin zuckt mit den Schultern. So genau weiß er das gar nicht.

«Jau, vielleicht geht's dir dann genauso wie Socke.»

«Socke, wer ist das denn?»

«Das ist ein Teddybär.»

Und Jau-Jau erzählt seine nächste Geschichte …

Teddys Reise
zu den Krokodilen

Auch Teddybären fühlen sich manchmal nicht wohl in ihrer Haut.

Und so erging es gerade dem Teddy von Annika. Eigentlich war der Teddy Annikas Lieblingskuscheltier und ihr bester Freund. Sie hatte ihn Socke genannt, weil er kein normaler Teddy aus Plüsch war, sondern einer, den ihre Omi aus bunten Wollsocken zusammengenäht hatte. Deshalb war Teddy Socke ein besonders bunter und fröhlicher Teddy. Nur im Augenblick, da war er gar nicht fröhlich. Denn seit einiger Zeit kümmerte sich Annika gar nicht mehr um ihn.

Annika hatte nämlich einen kleinen Bruder bekommen: Julian. Und jetzt drehte sich in der Familie alles um ihn. Annika war immer dabei, wenn er gewickelt wurde, sie sang ihm Wiegenlieder vor, wenn er einschlafen sollte, und strahlte vor Stolz, wenn sie Julian auch einmal auf den Arm nehmen durfte. Kein

Wunder, dass Annika einfach keine Zeit mehr für Socke hatte.

Eines Nachts, als der Teddy wieder einmal allein im Regal sitzen musste, reichte es ihm. In dieser Nacht schien der Vollmond zum Fenster herein, und draußen war es fast so hell wie am Tag.

Da kam dem Teddy eine Idee. Er war oft mit Annika und ihren Eltern zusammen im Zoo gewesen. Und da hatten Annika die Krokodile am besten gefallen, weil sie so groß, so stark und so gefährlich waren. Und Socke überlegte, was wäre, wenn er auch ein Krokodil werden würde. Bestimmt wäre Annika dann sehr beeindruckt. Deshalb beschloss er, sich in den Zoo aufzumachen, um dort herauszufinden, wie man ein Krokodil werden könnte. Aber wie sollte er bloß den Weg zum Zoo finden?

Sehnsuchtsvoll schaute der Teddy zum Mond hinauf und versuchte, den Mann im Mond zu entdecken. Der fühlte sich doch wahrscheinlich auch oft allein. Vielleicht konnte der ihm helfen?

Und mit einem Mal sah der Teddy lauter Sternchen. Die waren aber nicht oben am Himmel, sondern schwirrten um ihn herum. Und er hörte ein feines Stimmchen neben sich: «Arme Socke, wenn du willst, helfe ich dir!»

Erstaunt drehte sich der Teddy um und erblickte ein

Wesen mit durchscheinenden Flügeln und silberglänzenden Haaren, die so fein waren wie Spinnweben.

«Ja, da staunst du, was, Socke! Ich soll dir schöne Grüße vom Mann im Mond ausrichten. Ihm ist die Reise auf die Erde zu beschwerlich. Deswegen hat er mich geschickt. Ich bin Mona, die Mondfee.»

Socke war begeistert. Er hatte noch nie eine Fee getroffen. Und er erzählte ihr von Annika und von seinem Plan.

«Wenn du willst, kann ich dich auch gleich in ein Krokodil verwandeln», schlug die Mondfee vor. Aber das ging dem Teddy dann doch ein bisschen schnell. Da wollte er lieber vorher noch einmal bei den erfahrenen Krokodilen nachfragen, was man da so beachten müsste. Also machten sie sich auf zum Zoo. Die Mondfee hüllte den Teddy mit Feenstaub ein, und sie flogen los.

Durch ein offenes Fenster gelangten sie ins Tropenhaus, wo die Krokodile zu Hause waren. Noch schliefen sie. Vorsichtig pirschte sich der Teddy an das größte von ihnen heran.

«Hast du keine Angst, dass sie dich auffressen?», fragte die Fee. Sie wartete lieber in sicherer Entfernung.

«Krokodile fressen keine Teddybären», erklärte Socke bestimmt. Genau wusste er das zwar nicht, aber er wollte jetzt mal ganz fest daran glauben. Sonst hätte er sich nämlich keinen Schritt weiter getraut.

Das größte Krokodil döste neben dicken Steinen mit seinem Kopf nahe an dem kleinen Teich, der im Krokodilgehege angelegt war. Die Augen des Krokodils waren geschlossen, aber spitz ragten seine Zähne selbst im Schlaf aus dem Maul heraus. Der Teddy sprach sich selber Mut zu: «So, jetzt zeig mal, dass du keine arme Socke bist, sondern eine mutige!»

Und schon rief auch die Fee ihm bewundernd zu: «Mensch, Socke, bist du mutig! Aber soll ich dich nicht doch lieber gleich in ein Krokodil verwandeln?»

Doch der Teddy winkte ab. Er hatte sich jetzt fast bis zum großen Krokodil herangeschlichen. Socke holte tief Luft und flüsterte dann: «Hallo, du liebes Krokodil, ich hätte da mal eine Frage?»

Das Krokodil zog langsam ein Augenlid hoch und staunte:

«Hey, seit wann können Socken denn sprechen?»

«Ich bin keine Socke, ich sehe nur so aus. Ich bin eigentlich ein Teddy.» Socke redete jetzt ganz schnell, weil er sich mit einem Mal doch nicht mehr sicher fühlte, so ganz nah bei dem großen Krokodil.

«Ein Teddy?», fragte das Krokodil erstaunt.

«Ja, noch bin ich ein Teddy. Aber ich will mich auch in ein Krokodil verwandeln lassen.»

«Wieso das denn?»

«Na ja, ich wäre gern so groß wie ein Krokodil, so stark wie ein Krokodil und so gefährlich wie ein Krokodil.»

«Gefährlich? Ach ja, du meinst, weil wir Krokodile gern jeden sofort auffressen.» Und «happs» machte das große Krokodil und schnappte nach Socke. Erschrocken sprang der zur Seite und begann zu stammeln.

«Ja, ja, jejeje-jeden. Aber bitte, bitte nicht mich. Bald bin ich doch so-so-sozusagen dein Bruder. Und so bin ich doch nur eine arme Socke.»

«Mhm», machte das Krokodil und musterte den Teddy gefährlich lange. Dem wurde schon ganz heiß in seiner Teddysockenhaut.

«Mhm», machte das Krokodil wieder. «Und du meinst, wenn du ein Krokodil bist, bist du keine arme Socke mehr, sondern groß, stark und gefährlich?»

«Ja, genau, dann bin ich wie du. So ein großes Krokodil wie du wäre ich nämlich gerne.»

Die Mondfee verfolgte das alles aus sicherer Entfernung von der Spitze eines Gummibaumes aus.

«Hey, Socke!», rief sie dem Teddy jetzt wieder zu. «Wenn du willst, verwandele ich dich gleich in ein Krokodil.»

Aber Socke winkte ab. «Warte, gleich.»

«Gleich ist es vielleicht zu spät. Wenn der Tag dämmert, muss ich zurück.»

«Ja, aber ich will vom Krokodil erst noch wissen, wie es sich so anfühlt, ein Krokodil zu sein.» Und Socke blickte das spitzzahnige Tier erwartungsvoll an. Er dachte an seinen Satz «Krokodile fressen keine Teddybären» und hatte jetzt keine Angst mehr.

«Wie sich das anfühlt, willst du wissen?», wiederholte das Krokodil.

«Ja, liebes Krokodil, das würde ich zu gerne wissen.»

Das Krokodil riss seine Augen erstaunt auf. «Liebes Krokodil? Hast du gerade ‹liebes Krokodil› gesagt?»

Der Teddy nickte, und mit einem Mal rollten dem Krokodil dicke Krokodilstränen aus seinen Augen.

«‹Liebes Krokodil!›, so hat mich noch keiner genannt», schluchzte es.

Tröstend strich der Teddddy dem Krokodil über seine lange Schnauze.

«Und so gestreichelt hat mich auch noch niemand.»
Das Krokodil schluchzte immer heftiger.

Langsam wurde es draußen hell. Die Mondfee wurde nun doch nervös. Sie flog zum Teddy und fragte ihn erneut eindringlich: «Also, was ist jetzt, Socke? Ich muss los! Soll ich dich nun in ein Krokodil verwandeln oder nicht?»

«Ja, also ich weiß auch nicht so genau.» Und der Teddy streichelte nachdenklich das schluchzende Krokodil. «Vielleicht ein anderes Mal.»

«Also du musst schon wissen, was du willst!», erwiderte die Fee, und fast klang sie ein wenig eingeschnappt. «Also dann bis zum nächsten Mal!» Viele Glitzerpünktchen hüllten sie ein, und sie flog davon in den morgengrauen Himmel.

Und das Krokodil schaute den Teddy mit großen Augen an. «Es ist so schön, auch mal gestreichelt zu werden. Endlich habe ich auch einen Freund. Du bleibst jetzt für immer bei mir, ja?»

«Für immer?» Der Teddy bekam einen Schreck bei dem Gedanken.

«Für immer, das geht leider nicht. Ich habe nämlich schon eine andere Freundin. Und die wartet bestimmt auf mich.»

«Nein, du bist jetzt mein Freund! Wehe, wenn nicht!», drohte das Krokodil und riss sein Maul gefährlich weit auf.

«Hilfe, Mona, es will mich fressen!» Verzweifelt schaute sich Socke nach der Mondfee um. Aber die war längst verschwunden. Schon kam ihm das große Krokodilsmaul bedenklich nahe. Da nahm der Teddy seinen ganzen Mut und seine Kraft zusammen und lief so schnell er konnte. Das Krokodil war ihm dicht auf den Fersen. Mit einem Satz hechtete der Teddy über die Mauer des Geheges im Tropenhaus.

Dahinter war er in Sicherheit. Denn über die Mauer kam das Krokodil nicht. Enttäuscht zog es sich hinter die großen Steine zurück.

Socke kletterte erschöpft auf eine Bank, die für die Besucher hier aufgestellt war. Jetzt hatte er den Schlamassel. Die ganze Aufregung – alles umsonst! Er war immer noch ein Teddy. Aber je mehr er nachdachte, umso froher war er, dass er nicht in ein Krokodil verwandelt worden war. Nur Annika, die würde er jetzt wahrscheinlich nie wiedersehen. Und traurig murmelte Socke vor sich hin: «Na ja, wahrscheinlich hat Annika noch nicht einmal bemerkt, dass ich weg bin. Für die zählt nur noch Julian. Den hat sie doch viel lieber als mich.»

Aber hier irrte sich der Teddy, denn inzwischen war Annika nicht mehr ganz so begeistert von ihrem kleinen Bruder. Sie hatte selbst auch zu spüren bekommen, dass sich alles nur noch um ihn drehte. Alle fanden ihn sooo süüüß! Und um sie schien sich keiner mehr zu kümmern. Enttäuscht wollte sie ihrem Teddy ihr Herz ausschütten. Socke würde sie bestimmt verstehen. Doch Socke hockte nicht mehr an dem Platz im Regal, wo sie ihn hingesetzt hatte. Annika suchte das ganze Zimmer ab: Socke blieb verschwunden. Sie bat ihre Eltern mit zu suchen – die ganze Wohnung wurde auf den Kopf gestellt, aber Socke blieb verschwunden.

Um ihre Tochter abzulenken und ein wenig aufzumuntern, kamen Annikas Eltern auf die Idee, gemeinsam einen Ausflug in den Zoo zu unternehmen. Annika war eigentlich alles egal. Aber dann ließ sie sich doch dazu überreden.

Auf ihrem Rundgang durch den Zoo kam Annika mit ihren Eltern auch ins Tropenhaus. Und auf der Besucherbank vor dem Krokodilgehege entdeckte sie ihn: ihren Teddy Socke.

Die Eltern warfen sich einen wissenden Blick zu. Sie hatten sich gleich gedacht, dass Annika ihren Teddy irgendwo hatte liegenlassen. Erleichtert lief Annika zu ihm hin, hob ihn auf, drückte ihn ganz fest an sich und flüsterte Socke zu:

«Die anderen haben Julian. Aber du bist für mich das Liebste auf der Welt!»

«Du auch», brummte der Teddy freudig zurück.

Da strich Annikas Papa seiner Tochter über die Haare und meinte: «Annika, meine Große, wir sind sehr stolz auf dich. Und wir haben dich sehr, sehr lieb.»

«Genauso lieb wie Julian?», erkundigte sich Annika ein wenig unsicher.

«Genauso lieb wie Julian!», erwiderte ihr Papa.

Und Annikas Mama schaute auf Julian, den sie auf dem Arm trug.

«Julian ist doch noch so klein, der braucht unsere Hilfe. Deswegen müssen wir uns so viel um ihn kümmern. Aber ich kann ihn auf dem Arm haben und dich trotzdem sehr, sehr lieb haben.»

Annika schaute ihren Teddy an, und es war ihr, als ob ihr Socke zuzwinkerte.

«Ja, ich kann auch meinen Teddy auf dem Arm haben, und trotzdem habe ich euch lieb.» Sie war beruhigt und wollte dem Teddy unbedingt die Krokodile zeigen. Eines davon schaute immer so traurig.

Aber an diesem Tag war es anders. Annika wunderte sich. Heute sah es aus, als ob das Krokodil lächelte!

Und Lina und Lumin lächeln auch.

Wobei Lina nicht nur über das Ende der Geschichte schmunzelt, sondern auch über Lumins neue Frisur. Seine Haare sind jetzt nicht länger als ein Daumennagel, stehen nach allen Seiten ab und sind karottenrot.

«Vielleicht kommst du ja aus dem Land der Karottenigel», scherzt Lina.

Irritiert fasst Lumin sich in die Haare. «Jau-Jau, hast du einen Spiegel?»

«Jau», meint der Weise und kramt in einer seiner vielen Taschen. Er holt einen kleinen runden Spiegel hervor und reicht ihn Lumin. Der hält ihn vor sein Gesicht und betrachtet seine Igelfrisur.

Sonnenstrahlen streifen den Spiegel und zaubern einen Regenbogen auf den Ballon. Lina beginnt zu träumen und stellt sich ein Land vor, in dem alles ganz bunt ist, so bunt wie die Farben des Regenbogens.

«Jau-Jau, warst du schon mal im Regenbogenland?»

«Ich selber war noch nicht da. Aber ich kenne jemanden, der hat diesem Land einen großen Dienst erwiesen.»

Und Jau-Jau erzählt seine nächste Geschichte …

Der Retter vom Regenbogenreich

Graue Schleier hatten sich über das Regenbogenreich hinter den sieben Bergen gelegt. Die Farben waren verschwunden, alles erschien nur noch düster und eintönig.

Der König war verzweifelt. Seine Untertanen verlangten, er sollte etwas tun, sollte nicht untätig zusehen, wie das ganze Land im dichten Grau verschwand. Aber der König war ratlos. Er wusste nicht, woher die Schleier kamen. Sie waren mit einem Mal aufgetaucht. Genau genommen an dem Tag, als seine Tochter, die Prinzessin, verstummte.

Prinzessin Mella war ein wenig pummelig. An jenem Tag war sie besonders unzufrieden darüber, und als sie in den Spiegel schaute, beschimpfte sie sich selber: «Mella, du bist einfach ein farbloses Pummelchen!»

Und sie ärgerte sich so sehr, dass sie vor Wut verstummte und mit einem Blumentopf den Spiegel in ihrem Zimmer zerschmetterte.

Die einst so fröhliche Prinzessin starrte von dieser Stunde an nur noch betrübt zum Fenster hinaus. Und es war, als hätte sie mit ihren dunklen Gedanken die grauen Schleier herbeigelockt.

Wabernd kamen sie über die Berge gekrochen und hüllten alles ein. Auch die Prinzessin war mit einem Mal von einer grauen Dunsthülle umgeben. Jegliche Farbe war aus ihrem Gesicht gewichen, aus ihren Kleidern, aus ihrem ganzen Körper. Der König ließ den Hofarzt rufen. Aber der war ebenfalls ratlos. Diese Krankheit hatte er noch nie gesehen. Gegen diesen besonderen Fall von Farblosigkeit kannte er kein Mittel.

So startete der König einen Aufruf und gab bekannt, dass dringend jemand gesucht wurde, der der Prinzessin und damit dem ganzen Land die Farbe wiedergeben könnte.

Als Erstes meldete sich der Ritter vom Blauen Meer. Seine Lieblingsfarbe war Blau. Und er war überzeugt davon, dass das auch die Lieblingsfarbe der Prinzessin war. Deshalb wollte er ihr etwas Blaues schenken, damit sie sich daran erinnern könnte. Aber wo sollte er etwas Blaues hernehmen? Das Meer konnte er ja nicht in Geschenkpapier packen.

Während er noch überlegte, kam er auf dem Weg zum Schloss am Schlossgarten vorbei. Dies war das einzige

Stück im ganzen Land, wo die Farben nicht verschwunden waren. Vielleicht lag es daran, dass Milcolo, der Gärtner, sich so liebevoll um seine Bäume und anderen Pflanzen kümmerte. Alles wuchs prächtig hier: blaue Vergissmeinnicht, gelbe Sonnenblumen, rote Tomaten und vieles mehr.

Und kurzerhand pflückte der Ritter vom Blauen Meer so viele blaue Vergissmeinnicht, wie er nur konnte. Milcolo protestierte. Aber es half nichts. Der Ritter ließ seine Muskeln spielen und wies ihn zurecht: «Vor dir steht ein Ritter. Als Gärtner hast du mir gar nichts zu sagen! Ich handle im Auftrag des Königs. Also geh mir aus dem Weg!»

Und schweren Herzens ließ Milcolo ihn gewähren.

Siegessicher schenkte der Ritter vom Blauen Meer der Prinzessin den riesigen Vergissmeinnichtstrauß und erklärte: «Hier! Seht Euch das Blau an, Prinzessin. Erinnert Euch das nicht an Eure Lieblingsfarbe?»

Aber Prinzessin Mella schüttelte nur stumm den Kopf. Nicht der Hauch eines Lächelns war auf ihrem Gesicht zu sehen.

Und der Ritter vom Blauen Meer musste unverrichteter Dinge wieder gehen.

Aber schon meldete sich ein neuer Retter für die Prinzessin. Es war der Ritter vom Tiefen Tal. Seine Lieblingsfarbe war Gelb. Gelb wie die Sonne, wenn sie ins Tal schien und alles zum Leuchten brachte.

Deswegen war er überzeugt davon, dass Gelb auch die Lieblingsfarbe der Prinzessin sein musste. Aber die Sonne konnte er nicht in einen Karton packen. Wo sollte er etwas Gelbes herbekommen? Auf seinem Weg zum Schloss kam auch er an Milcolos Garten vorbei. Und ruck, zuck pflückte er einfach alle Sonnenblumen. So schnell, dass Milcolo gar keine Zeit blieb, um irgendetwas zu unternehmen.

«Hey, was soll das?!», konnte er gerade noch rufen. Da war der Ritter auch schon wieder verschwunden.

Mit großen Schritten eilte er in den Palast. Als der Ritter vom Tiefen Tal vor der Prinzessin stand, schwärmte er: «Prinzessin, seht nur das Sonnengelb, keine andere Farbe strahlt wie diese. Sie muss Eure Lieblingsfarbe sein.»

Aber die Prinzessin schüttelte wieder nur den Kopf. Und der Ritter schüttelte ihn auch, weil er es einfach nicht verstehen konnte. Wütend nahm er alle Sonnenblumen wieder mit, warf sie in Milcolos Garten und rief ihm zu: «Hier hast du dein Mistkraut wieder!» Als ob die Sonnenblumen etwas dafür konnten, dass der Ritter keinen Erfolg bei der Prinzessin hatte.

Aber der nächste Retter wartete schon. Es war wieder ein Ritter. Der Ritter vom Speienden Berg. Für ihn gab es nichts Schöneres als Rot. Rot wie glühende Lavaglut. Aber wie sollte er dieses Rot zur Prinzessin bringen? Lavaglut konnte er sich nicht einfach in die Tasche stecken. Er grübelte noch darüber nach, da fand er ebenfalls die Lösung in Milcolos Garten. Tomaten! Diese Tomaten waren in der Tat so leuchtend rot wie Lavaglut.

Und er stellte sich breitbeinig vor Milcolo auf und verkündete: «Gärtner, ich brauche deine Tomaten, um die Prinzessin zu retten. Du hast sicher nichts dagegen, dass ich sie mitnehme. Es ist ja für eine gute Sache.»

Aber diesmal wehrte sich Milcolo. «Und ob ich etwas dagegen habe!», schimpfte er. «Außerdem würden dir die Tomaten nichts nützen. Ich kenne die Lieblingsfarben von Prinzessin Mella, und ich werde selber zu ihr gehen und sie erlösen.»

Der Ritter vom Speienden Berg lachte den Gärtner aus, grapschte sich all seine Tomaten und zog von dannen.

Milcolo seufzte. Er träumte von der Prinzessin und sah sie vor sich, befreit vom tristen Grau. Und er begann ein Bild davon zu malen …

Währenddessen breitete der Ritter vom Speienden Berg die Tomaten vor der Prinzessin aus und schwärmte von der Farbe Rot.

«Rot muss Eure Lieblingsfarbe sein, Prinzessin. Die oder keine. Glaubt mir, ich kenne mich da aus!»

Die Prinzessin schüttelte wieder den Kopf. Aber diesmal blieb sie nicht stumm, sondern antwortete dem Ritter: «Wenn Ihr nur Rot seht und all die anderen

Farben nicht, dann habt Ihr wohl selber Tomaten auf den Augen.»

Der König war froh. Immerhin sprach seine Tochter wieder. Wenn es auch gar nicht fröhlich klang. Und die grauen Schleier waren leider immer noch da.

So musste sich der Ritter vom Speienden Berg unverrichteter Dinge wieder verabschieden.

«Mein armes kleines Pummelchen!», sagte der König und nahm seine Tochter liebevoll in die Arme. Er meinte es gut und wollte sie trösten. Er ahnte nicht, dass er dafür leider genau die falschen Worte gewählt hatte.

Mella seufzte, und selbst lautlos brachte sie es fertig, sich zu beschimpfen. So dachte sie bei sich: «Die ganze Welt wird mich bald ‹Pummelchen› nennen … ‹Pummella! Pummella, die Farblose!›»

Als sich nun Milcolo, der Gärtner, meldete und zur Prinzessin vorgelassen werden wollte, war Mella sowieso schon alles gleich.

Milcolo hatte lange gezögert, ob er es wirklich wagen sollte, zur Prinzessin zu gehen. Sie erschien ihm so unerreichbar fern. Und wenn es auch nur ein paar Schritte zum Palast waren, so musste sich Milcolo nach jedem Schritt überwinden, den nächsten zu tun. Diese paar Meter erschienen ihm wie eine lange Reise.

Immer wieder zweifelte Milcolo, ob er wirklich weitergehen sollte. Er hatte Angst, die Prinzessin könnte ihn auslachen. Aber dann sagte er sich: «Wenn ich es nicht ausprobiere, werde ich es nie wissen. Was kann mir schon geschehen? Wenn sie mich wegschickt, kümmere ich mich weiter um meinen Garten, und alles ist wie vorher.»

Aber tief in seinem Herzen war er sich sicher, dass er die Prinzessin besser kannte als all die Ritter, die versucht hatten, sie zu retten. So hatte er all seinen Mut zusammengenommen, war mit seinem Bild unter dem Arm beherzt zum Palast gestiefelt und stand nun vor der Prinzessin.

Ein wenig schüchtern und unsicher präsentierte Milcolo das Bild, das er eigens für Mella gemalt hatte.

Darauf war eine strahlende Prinzessin zu sehen. Mit Augen so blau wie der Himmel, Haaren so goldgelb wie die Sonne, und ihr Kleid war nicht grau, sondern tomatenrot. Milcolos Prinzessin stand auf einer Wiese, in der Blumen in allen Farben blühten.

Milcolo wollte der Prinzessin ganz viel zu dem Bild erzählen. Er begann: «Hier bringe ich Euch alle Farben des Regenbogens. Doch alle zusammen sind lange nicht so schön wie Ihr. Und, und …»

Hier stockte Milcolo. Denn vor Aufregung konnte er kein einziges Wort mehr herausbringen. Aber das musste er auch nicht. Prinzessin Mella erkannte auf dem Bild die Prinzessin wieder, die sie einmal gewesen war. Sie fand das Bild so schön, dass ihre Traurigkeit von einem Augenblick auf den anderen verflogen war.

Sie begann zu lächeln und reichte Milcolo die Hand. Ein warmes Gefühl durchströmte sie. Ein grauer Schleier nach dem anderen löste sich auf, und das Land hinter den sieben Bergen erstrahlte wieder in allen Farben des Regenbogens.

Mella und Milcolo lebten glücklich und zufrieden. Und wenn sie nicht gestorben sind, dann freuen sie sich noch heute über all die bunten Farben in ihrem Garten und in ihrem ganzen Regenbogenreich …

Lumin ist so begeistert von der Geschichte, dass seine Haare jetzt auch in
allen Farben des Regenbogens leuchten.

«Vielleicht bist du ja ein Regenbogen-
prinz», scherzt Lina.

«Was meinst du, Jau-Jau?»

«Jau, alles ist möglich.»

Lumin hält den Kopf nach unten und schüttelt seine
Haare. Er kann sich nicht erinnern, dass sie jemals so
bunt waren.

«Wenn du ein Prinz bist, hast du vielleicht auch
schon gegen einen Drachen gekämpft.» Bei dem Gedanken hüpft Lina aufgeregt auf und ab. Der ganze

Ballon wackelt. «Lumin, jetzt sag schon, ist dir schon einmal ein Drache begegnet?»

Lumin starrt nachdenklich in die Ferne.

«Speien alle Drachen Feuer?», fragt er und zeigt auf einen Punkt am Horizont. Dicker Rauch steigt dort in die Luft.

Lina streckt sich, so weit sie nur kann. Sie spürt ihr Herz klopfen. «Jau-Jau, ist das wirklich ein Drache?»

«Das ist ein Feuerross», erklärt Jau-Jau, und ein Schmunzeln huscht über sein Gesicht.

«Lumin reißt seine Augen vor Staunen weit auf.

«Ein Feuerross? Kann das auch Feuer spucken?»

«Jau. Aber dieses Feuer kommt aus einem Schornstein.»

Jetzt begreift Lina. «Ach so, du meinst eine Lokomotive.»

«Jau. Und wollt ihr wissen, wer diese Lokomotive unter Dampf gesetzt hat?»

Lina und Lumin gucken sich gespannt an und nicken.

Und Jau-Jau erzählt seine nächste Geschichte …

Paul, der Lokomotivführer

Ein Eisenbahnmuseum ist ein Ort, an dem alte Eisenbahnen abgestellt werden, wenn sie niemand mehr braucht.

So erging es auch der kleinen Dampflokomotive BN2. Nachdem sie jahrelang durch die Lande gefahren war, stand sie hier nun auf dem Abstellgleis.

Die Besucher des Museums bewunderten die Lokomotive: ihren schwarzen Dampfkessel mit dem Schlot, die rotglänzenden Räder mit den Antriebsstangen und das Führerhaus mit den Instrumenten, den blankgeputzten Hebeln, Ventilrädchen und Leitungshähnen.

Aber der Lokomotive war das alles egal. Sie wünschte sich nichts sehnlicher, als wieder auf Reisen gehen zu können, die Hitze in ihrem Kessel zu spüren, freudig den Dampf auszuspucken und die Schienen entlangzurattern. «Tschu-tschu, tschu-tschu, tschu-tschu!» Für die Lokomotive war das Musik. Immer wenn sie mal in einem Bahnhof halten musste, konnte sie es kaum erwarten, sich wieder in Bewegung zu setzen.

Und jetzt stand sie wohl für immer still. Deswegen trauerte die Lok den alten Zeiten nach und klagte den Vögeln, die sich auf ihrem Kessel sonnten, ihr Leid:

«Ihr habt es gut. Ihr könnt überall herumfliegen. Aber ich muss hier still stehen, den ganzen Tag, die ganze Nacht. Und morgen geht das so weiter und übermorgen auch. Da bin ich bestimmt übermorgen noch viel trauriger als heute.»

Aber die Vögel verstanden sie nicht. Sie waren froh, dass sie da stand. «Auf deinem Kessel ist es so schön warm. Der ideale Platz, um sich die Sonne auf die Federn scheinen zu lassen.»

Doch die Lokomotive hörte ihnen gar nicht richtig zu. Sie dachte in einem fort an all die vielen Reisen, die sie gemacht hatte, und wurde immer noch trauriger.

So bemerkte sie auch nicht, wie sie ein neuer Besucher bewunderte. Es war ein Junge: Paul. Andächtig strich er über die roten Lokomotivräder.

«Wow, guck mal, Papi, ihre Räder sind fast so groß wie ich!»

«Ja, Paul, aber denk dran, eine Lokomotive ist kein Spielzeug», ermahnte ihn sein Papa, der mit Pauls Mama danebenstand. Beide sahen so aus, als ob sie am liebsten gleich weitergehen wollten.

Paul nickte gedankenverloren. Er liebte Eisenbahnen, besonders alte Dampfloks. Schon seit Wochen hatte er seinen Eltern in den Ohren gelegen, mit ihm das Eisenbahnmuseum zu besuchen. Und heute war es endlich so weit. Endlich hatten seine Eltern einmal Zeit. Aber leider auch nicht so lange, wie Paul sich das wünschte. Denn schon bekam sein Papa wieder mal einen Anruf, und Paul beobachtete, wie er zur Seite ging und eine ganz wichtige Miene aufsetzte, als er das Telefongespräch beantwortete. Und seine Mama schaute auf die Uhr und mahnte lächelnd: «Paul, denk dran, wir wollten dann noch zu Oma. Wir haben es ihr versprochen!»

«Ihr habt es Oma versprochen. Ich nicht.»

«Paul, sei bitte nicht undankbar. Jetzt sind wir mit dir hier ins Museum gefahren, da kannst du uns ja wohl auch einen Gefallen tun.»

Und Pauls Mama sah den Papa hilfesuchend an. Der telefonierte noch und winkte beschwichtigend ab. Pauls Mama schaute wieder auf ihre Uhr.

«Na gut, eine halbe Stunde haben wir noch Zeit.»

Paul kletterte auf den Führerstand.

«Aber pass bitte auf!», rief ihm seine Mama hinterher. «Sei nicht wieder so wild! Und nichts anfassen!»

Paul hörte gar nicht mehr zu. Er bestaunte die Hebel, die Hähne und die Ventile. Dann entdeckte er die Tür zur Feuerbüchse. Hier kamen

die Kohlen rein, die das Feuer
für den Dampfkessel schür-
ten. Paul stellte sich vor,
wie das Feuer loderte, die
Lokomotive die Schienen
entlangratterte, und er schaute
als Lokomotivführer aus der Füh-
rerkabine hinaus.

Dann seufzte Paul und vergrub sei-
ne Hände tief in den Hosentaschen. Dort fand er seine
Trillerpfeife, in die er immer pfiff, wenn er zu Hause
mit seiner Modelleisenbahn spielte.

Paul tätschelte die Lok und wünschte sich: «Am liebsten würde ich mit dir jetzt auf große Fahrt gehen.»

Er pfiff – einmal, zweimal, dreimal ... so laut, als
wolle er damit die Lokomotive aus einem tiefen Schlaf
erwecken.

Und es schien zu klappen. Denn die Lok schreckte
aus ihrer dumpfen Grübelei hoch und erkundigte sich
verblüfft: «Hey, hast du gerade mit mir gesprochen?»

«Ja, klar. mit wem denn sonst», antwortete Paul ver-
gnügt.

«Willst du wirklich mit mir auf große Fahrt gehen?»

«Wenn ich könnte, sofort.»

«Aber sicher kannst du das!», ermutigte ihn die Lokomotive. «Ich erklär dir, was du tun musst. Kohlen
schippen, Kessel anheizen ... und los geht's!»

Paul versprach, alles genau so zu tun, wie die Lok es erklärte. Und voller Vorfreude tutete sie los.

Erschrocken hielt sich Pauls Mama die Ohren zu.

«Paul, Vorsicht! Eine Lokomotive ist kein Spielzeug!»

Und auch Pauls Papa kam besorgt angelaufen. «Das habe ich ihm auch schon gesagt.»

«Alles klar!», rief Paul. «Gleich geht die Fahrt los!»

«Paul, nein! Lass das sein! Mach bloß keine Dummheiten!»

Aufgeregt kletterte Pauls Mama ebenfalls auf die Lokomotive, und sein Papa hastete mit strengem Blick hinterher.

«Paul, was fällt dir ein? Was machst du denn? Komm sofort weg da!»

Aber dazu war es zu spät. In diesem Augenblick setzte sich die Lokomotive laut pfeifend in Bewegung.

Entsetzt hielten sich Pauls Eltern an der Wand der Kabine fest.

«Das kann doch nicht gutgehen!», rief Pauls Mama, und ihre Stimme war dabei fast so schrill wie das Pfeifen der Lokomotive.

«Wo fahren wir hin?» Verzweifelt wandte sie sich an Pauls Papa.

«Das weiß ich auch nicht!» Hektisch versuchte er das Navi in seinem Handy einzustellen. Aber da sagte eine Frauenstimme immer nur: «Bitte wenden, bitte wenden, bitte wenden!»

«Paul, hörst du, wir müssen sofort umdrehen!»

«Aber, Papa. Mit einer Lokomotive kann man nicht einfach so umdrehen wie mit einem Auto.»

«Paul, aber du kannst die Lokomotive doch nicht alleine fahren!»

«Da hast du recht. Ich brauche einen Heizer.»

Und Paul drückte seinem Papa eine Kohlenschippe in die Hand.

Erst zögerte er noch, aber dann setzte Pauls Papa die Schippe an, lud die Kohlen auf und warf sie über der Glut ab. Bei der zweiten Schippe machte es ihm mit einem Mal sogar Spaß, und schwungvoll schippte er weiter.

«Und ich? Was kann ich tun?», erkundigte sich nun auch Pauls Mama.

«Du kannst die Druck- und Temperaturanzeigen kontrollieren.» Paul zeigte seiner Mama, wo sie waren.

«Also, Paul, das ist wirklich toll, wie du dich hier auskennst!», lobte ihn seine Mama.

Sein Papa keuchte schwitzend, während er weiter Kohlen schippte.

«Wie ein echter Lokomotivführer! Wir können stolz auf dich sein!»

Paul lächelte und streichelte die Lokomotive.

«Danke! Ich heiße übrigens Paul.»

«Und mein Name ist BN2», schnaufte die Lokomotive.

«Dann nenne ich dich einfach BEN2. Das passt besser für einen Freund.»

Die Lokomotive pfiff vor Freude gleich dreimal.

«Oje! Stimmt was nicht?», erkundigte sich Pauls Mama.

«Alles in bester Ordnung», erklärte Paul.

Und dann ratterten sie zusammen durch ein grünes Tal, fuhren durch ein paar Tannenwälder, überquerten eine Brücke, die über eine tiefe Schlucht führte. Sie kamen auch an einem kleinen Bahnhof vorbei. Und diesmal wünschte sich BEN2, dass sie nicht anhielten. Paul erfüllte den Wunsch gerne. Weiter ging es auf einer schnurgeraden Strecke, die von Maisfeldern gesäumt war. Sie führte in einen Tunnel, und danach konnten sie in der Ferne auch schon wieder das Eisenbahnmuseum sehen. Und Paul steuerte die Lok auf eine Schienendrehscheibe, sodass sie sicher wieder auf ihrem alten Platz landete.

Stolz pfiff Paul zum Abschluss der Reise in seine Trillerpfeife.

Schnell sprangen seine Eltern aus dem Führerhaus.

«So, jetzt ist es aber gut», erklärte sein Papa. «Wir haben alle Spaß gehabt, und das reicht auch für heute.»

Seine Mama versuchte Paul von der Lokomotive herunterzuziehen. «Oma wartet bestimmt schon auf uns.»

«Gleich!», rief Paul. Dann wandte er sich an die Lokomotive. «BEN2, ich verspreche dir, bald wieder vorbeizukommen.»

«Prima!», antwortete ihm die Lok. «Dann erzähl ich dir von all meinen Reisen und Abenteuern!»

Paul war begeistert, und die Lok fühlte sich nicht mehr traurig, dass sie nun still stand, sondern freute sich, dass sie so viel zu berichten hatte.

«Die anderen Kinder sind bestimmt auch alle begeistert, wenn du ihnen von deinen Reisen erzählst», ermunterte sie Paul.

Daran hatte BEN2 noch gar nicht gedacht. Bisher hatte ja auch noch niemand mit ihr gesprochen. Aber Paul war sich sicher, dass viele andere Kinder sie auch verstehen würden. Und freudig tutete die Lokomotive bei diesem Gedanken.

«Hey, was hast du jetzt schon wieder gemacht? Wir wollten das doch seinlassen», mahnte Pauls Papa.

«Das war nicht ich, das war mein Freund, die Lokomotive.»

«Paul, eine Lokomotive ist ein technisch hochkompliziertes Fortbewegungsmittel. So etwas kann nicht dein Freund sein.»

Aber Paul wusste es besser und die Lokomotive auch …

Kaum hat Jau-Jau die Geschichte zu Ende erzählt, kommt starker Wind auf. Der Ballon hüpft wie ein Riesen-Jo-Jo am Himmel, und alle müssen sich gut festhalten.

Lumins Haare flattern im Wind und werden dabei immer länger und verdrehter. Bis er am Ende lange Rastazöpfe hat.

«Hey, so lange Haare hatte ich noch nie!», ruft er begeistert aus und beginnt zur Melodie des Windes zu tanzen.

Lina tanzt mit, obwohl ihr von der Schaukelei ein wenig komisch im Magen ist. Aber beim Tanzen vergisst sie das mulmige Gefühl. Und in dem Augenblick fragt sie auch nicht mehr, wo sie herkommt. Jetzt tanzt sie einfach mit Lumin im Korb des bunten Fesselballons und sieht die Wolken über sich hinwegziehen.

Eine kräftige Windböe lässt den Ballon nach vorne schnellen. Der Korb ruckelt heftig hin und her. Sofort spürt Lina wieder das komische Gefühl im Magen.

«Jau-Jau, die nächste Reise können wir vielleicht lieber mit der Eisenbahn machen!», schlägt sie vor.

«Jau, ich denke BEN2 würde sich freuen», antwortet der Weise. «Aber keine Angst, der Wind beruhigt sich gleich. Da vorne könnt ihr schon sehen, wo unsere Fahrt jetzt hingeht.»

Lina und Lumin folgen Jau-Jaus Blick und entdecken in der Ferne das Meer.

«Da kämen wir aber mit einer Eisenbahn nicht weiter», stellt Lumin fest.

«Aber vielleicht könnte Jau-Jau ein Schiff für uns
finden?»

«Jau. Ich habe schon eins. Es ist ein Schlepper.»

Und Jau-Jau erzählt seine nächste Geschichte …

Von Lotte, Heini und Klaus

Lotte war ein uralter Kahn, ein Schlepper. Sie lag vertäut an einer Hafenmauer. *Charlotte* prangte in großen weißen Buchstaben am Bug. Aber alle im Hafen nannten sie nur Lotte, wenn sie unterwegs war. Sie hatte schon viele Jahre auf ihrem Buckel. Ihr eiserner Rumpf hatte zahlreiche Beulen, und die Nieten, die die Eisenplatten zusammenhielten, waren deutlich sichtbar. Die Leute im Hafen mochten Lotte – mit ihrem schwarzglänzenden Rumpf, dem weißen Aufbau und dem in die Höhe ragenden Schornstein, aus dem weiße Wölkchen kamen und in den Hafenhimmel eintauchten. Und ganz unten in ihrem Rumpf war nicht nur eine kleine Kombüse, in der Klaus, der Schiffsjunge, leckeres Essen zubereitete, da stand auch der wuchtige Motor, alt und ziemlich laut. Heini, der Kapitän, musste ihn immer mal wieder ölen, damit sich «das Ding», so nannte Heini die Maschine, nicht heißlief.

Heini hatte sich seine Lotte damals auf einer kleinen Werft bauen lassen und kannte seine Lotte in- und auswendig. Er redete mit ihr und sie mit ihm. Wenn Heini morgens zum Hafen ging, um seine Arbeit zu beginnen, dann hatte er das Gefühl, seine Lotte schaukelte vor Freude, weil die Fahrten nun wieder losgingen. Und Heini glaubte, wenn er sein Schiff betrat, zu hören, wie Lotte ihn mit einem «Moin! Moin!» begrüßte. Aber diese Begrüßung konnte nur Heini verstehen. Heini nannte sich nicht einfach nur Kapitän, wenn man ihn fragte, was er denn arbeiten würde. «Ich bin Schlepperkapitän!», antwortete er dann stolz. «Ohne meine Lotte und mich legt kein Schiff im Hafen an! Die Ozeanriesen wären ohne uns völlig verloren!» Und damit hatte Heini nicht unrecht.

Denn er fuhr mit seiner Lotte den riesigen Pötten entgegen. Klaus nahm die schweren, geteerten Leinen, die von den Rümpfen herunterhingen, und befestigte sie an einem Haken. Heini brachte dann den Motor auf volle Touren, so sehr, dass Lottes Rumpf erzitterte. Ja, man hatte manchmal das Gefühl, als würde die Lotte gleich zerspringen. Aber Lotte mochte solche Momente. Dann hatte sie das Gefühl, sie wurde gebraucht. Sie fühlte sich dann stark und unbezwingbar, wenn sie die gewaltigen Containerschiffe hinter sich herzog, um sie zum Anlegeplatz zu bringen, damit von dort die Waren, die aus aller Herren Länder kamen, entladen werden konnten.

Und was das für tolle Dinge waren: Bananen und exotische Früchte, deren Namen Lotte noch nie gehört hatte, Kaffeebohnen, Kakao, Maschinen, ja neuerdings wurden sogar Lokomotiven und Autos vom Kran auf die Kaimauer gesetzt. Da hatte Lotte doch mehr als gestaunt.

Nur eines ärgerte Lotte: Manchmal hatte sie den Eindruck, dass diese riesigen Schiffe mitleidig auf sie herabschauten, wenn sie sie zog, ganz so als würden sie insgeheim denken: «Ach, kleine Lotte, du kennst nichts von der Welt. Du kennst nur den Hafen. Und tuckerst höchstens bis zur Mündung des Flusses!» Und da hatten diese großen Riesen schon recht. Sie durfte nie auf das offene Meer hinaus. Sie durfte nie auf den Ozean mit seinem endlosen Horizont, hinter dem die geheimnisvollen Länder sich vor ihr verbargen. Wenn sie die Dampfer vom Liegeplatz, jetzt wieder vollbeladen mit den unterschiedlichsten Dingen, abholte und sie zur Flussmündung brachte, dann machte Klaus die Leinen los, und Heini drehte dort um, wo der breite Fluss in das Meer mündete. Heini ließ dann noch ein Mal das Horn blasen, sodass weißer Rauch aus dem Schornstein stieg, der Dampfer tutete zweimal, und dann ging es zurück in den Hafen.

Und hin und wieder, wenn Lotte so vertäut an ihrem Platz lag, müde und abgespannt von der anstrengenden Arbeit, dann träumte sie davon, auch mal mit den großen Schiffen weiterzufahren. Immer, immer weiter, um die riesigen Weiten der Weltmeere zu erobern, fremde

Länder zu sehen, deren Menschen, ja vor allem andere Schlepper, deren Kapitäne und Matrosen kennenzulernen, zu probieren, wie das Salzwasser dort schmeckte, zu spüren, wie sich die Wellen dort anfühlten, wenn sie an den Schiffsrumpf klatschten.

Eines Tages, als Lotte mal wieder heftig geträumt hatte, fragte sie Heini, ob sie heute nicht mal aufs Meer fahren könnten. «Vielleicht bis nach Afrika», meinte Lotte leise, «aber auf alle Fälle so weit, bis wir das Land nicht mehr sehen. Nur noch wir und das unendliche Meer um uns herum!» Und da es an diesem Tag nicht viel zu schleppen gab, hatte Heini nichts dagegen, und auch Klaus fand die Idee toll. Aber je näher sie der Flussmündung kamen, umso stärker wurde der Wind. Lotte stampfte, die Wellen brachen sich am Bug und ergossen sich über das Deck. Klaus kriegte es langsam mit der Angst zu tun. «Sollten wir nicht lieber umdrehen?», fragte er Heini. «Die Lotte schafft das nicht!» «Quatsch!», grummelte es aus der Tiefe des Rumpfes: «Quatsch. Jetzt geht's erst richtig los! Endlich!» Heini war es auch schon mulmig, er wollte seine Lotte aber nicht enttäuschen.

Weiter und weiter fuhren sie. Und je weiter sie ins offene Meer fuhren, desto höher wurden die Wellen, und desto stärker wurde der Wind. Er heulte, er pfiff, er brüllte. Der Rumpf der Lotte ächzte, erzitterte bei jeder Woge, die sich über sie ergoss. Ihr Bug tauchte tief in die Wellen ein und tauchte nur mühselig wieder aus ihnen auf. Sie wurde hin und her gerissen, und Heini konnte nur mühselig das Ruderrad halten, Klaus hatte sich mit blassem Gesicht und schweißnassen Händen in die Ecke des Steuerhauses zurückgezogen.

Jetzt wurde es auch Lotte mulmig, ja auch sie bekam Angst. So hohe Wellen hatte sie noch nie gesehen. Sie spielten mit ihr, schüttelten sie, ließen ihren Rumpf so sehr erzittern, dass die Eisenplatten knirschten.

Lotte hatte das Gefühl, dass sie bald auseinanderbrechen würde. Angst stieg in ihrem eisernen Leib auf. «Heini», fragte sie vorsichtig, «sind wir bald da? Kannst du Afrika schon sehen?»

In diesem Moment stieg Lottes Bug weit aus dem Wasser. «Dahinten!», rief Heini. «Dahinten! Da ist Afrika! Siehst du's auch?» Und wieder tauchte Lotte aus dem Wasser. In der Ferne sah man eine grell scheinende Sonne und Wolkenfetzen. «Da ist Afrika!», sagte Lotte leise. «Ich seh Afrika.»

«Heini, dreh jetzt um!» Und Heini machte kehrt, Lotte schlingerte heftig hin und her. Auch Klaus' Gesicht wurde rosiger, als Lotte die Flussmündung und schließlich den Hafen erreichte.

Als Lotte dann am Abend festgezurrt am Kai lag, sah sie die gigantischen Containerschiffe, die dort lagen, und träumte davon, woher die wohl kamen und wohin sie vielleicht reisten. Ganz in Gedanken versunken, dachte Lotte an ihre abenteuerliche Seereise zurück. Da kam ihr plötzlich ein schlauer Gedanke:

Manchmal ist es doch schöner, sich nur etwas zu wünschen und sich den Wunsch nicht zu erfüllen. Manchmal, so ahnte Lotte, sind Sehnsüchte erfüllender als die Wirklichkeit. Und mit diesem Gedanken schlief Lotte ein, träumte von Afrika und anderen fernen Ländern. Und am Morgen freute sie sich auf Heini und Klaus und darauf, wieder große Schiffe zu schleppen. Lotte blieb eben Lotte, das wusste sie jetzt.

Lina und Lumin denken noch eine Zeitlang über die Geschichte nach.

Über dem Hafen geht die Sonne unter und berührt mit ihren letzten Strahlen die Masten der Schiffe.

Lina betrachtet Lumins Haare und entdeckt diesmal keine Veränderung.

«Komisch, Lumin, das ist alles so geblieben.»

«Heißt das, wir sind am Ziel?»

Lina und Lumin schauen Jau-Jau erwartungsvoll an.

Aber Jau-Jau schweigt.

«Jau-Jau, nun sag schon … kommen wir aus dem Meer?», will Lina wissen.

«Findet es heraus», antwortet der Weise nur.

Lumin wird ein wenig ungeduldig.

«Aber wie? Wir können doch keinen Fisch fragen.»

«Warum eigentlich nicht?», erwidert Lina.

«Meinst du, der würde uns verstehen?»

«Vielleicht.» Ganz sicher ist Lina sich nicht.

«Jau-Jau, hast du schon mal mit einem Fisch gesprochen?»

Der Weise verschränkt die Arme. «Jau. Mit ganz vielen», erklärt er. «Da ist mächtig was los im Meer.»

Und Jau-Jau erzählt seine nächste Geschichte …

Stine, Stine, Stinkefisch

Das ist die Geschichte von Stine. Stine war ein Stint, ein kleiner Fisch, obwohl Stine sich überhaupt nicht als winzig empfand. Sie war immerhin dreißig Zentimeter lang, doppelt so lang wie ihre Freundinnen Trine und Sari. Stine lebte mitten in einem riesigen Ozean, den die Menschen Atlantik nennen.

Stine war das aber ziemlich egal, wie das Meer hieß. Hauptsache, das Wasser war klar und sie und ihre Freundinnen fanden genug zu fressen. Es gab hier viele klitzekleine Planktonkrebse, die im Wasser schwammen. Dann waren da noch kleine, schwarze, ekelige Teilchen, die klebten im spitzen Maul. Sie schmeckten ölig, und um die musste man einen riesigen Bogen schwimmen.

Der große Pelikano, den Stine irgendwann mal getroffen hatte, als sie an die Oberfläche des Ozeans geschwommen war, erzählte, diese Teilchen würden die großen Schiffe aus ihren massigen Leibern ins Meer pumpen. «Das darfst du nicht in den Mund nehmen», hatte Pelikano mit eindringlicher Stimme gemahnt, «denn davon kann man ziemlich krank werden.» Und da Pelikano ein kluger Pelikan war, hatte sie auf ihn gehört.

Stine fühlte sich schön, nein: nicht nur schön, sondern richtig schön. Das Seepferdchen Pedro, ein sehr guter Freund von Stine, hatte mal eine geheimnisvolle Glaskugel dabeigehabt. Die hatte Pedro am Grunde des Ozeans gefunden und sie mit seinem Seepferdchenschwanz von dem gräulich grauen Dreck, der auf der Kugel klebte, befreit. Stine schaute in die glänzende Kugel, und ein Strahlen erhellte ihr Gesicht. Sie betrachtete stolz ihren schlanken, leicht durchsichtigen Körper, ihre dunklen Schwanzflossen, die sich wunderschön von ihrem graugrünen Rücken abhoben. Stine betrachtete sich von allen Seiten. Sie fand, dass sie toll aussah.

Da kam aus der Ferne ein Schwarm Meeresforellen angeschwommen, vorlaute, doofe Fische, wie Stine fand, die meinten, sie wären die schönsten Fische überhaupt. Die Forellen umkreisten Stine, die in sich versunken so vor der Kugel trieb. Plötzlich sangen sie: «Stine, Stine, Stinkefisch, stinkst sogar, wenn du lebendig bist.» Das sangen sie so laut, dass Stines schlanker Körper erzitterte und sie die Flucht ergriff. «Bloß weg von diesen blöden, eingebildeten Dingern», dachte Stine und schwamm zu ihren beiden Freundinnen

Tine und Sari, die sie trösten und beruhigen sollten. Doch Stine war noch immer aufgeregt, ziemlich außer sich. Diesen komischen, hochnäsigen Zicken, diesen Forellen mit ihrem dämlichen Singsang wollte sie es unbedingt zeigen.

Und während sie so mit ihren Freundinnen schwamm, kam ihr eine Idee. Hatte ihre Mutter nicht einmal von einem weisen Mann erzählt, der den Stinten einen feinen, einzigartigen Geruch nachsagte? Ein Geruch, der ihn an frische Gurken erinnern würde?

Stine war sich sicher. Davon hatte ihre Mutter einmal berichtet. Und auch davon, dass dieser Mann an einem kleinen Fluss lebte, dort, wo Stines Mutter ihre Eier auf einer Sandbank abgelegt hatte, aus denen Stine entstanden war.

Aber die Mutter hatte auch erzählt, dass es dorthin eine lange und gefährliche Reise wäre.

Stine erzählte ihren Freundinnen von dieser Geschichte. Dann lachte sie auf einmal laut los: «Den besuche ich!» Sie sah Sari und Tine fragend an: «Kommt ihr mit?» Doch die beiden wollten von Stines Plan nichts hören. Das wäre viel zu gefährlich, überall lauerten Gefahren, fürchterliche Tiere mit grässlichen Mäulern, die Stinte als Lieblingsspeise gerne verschlangen. Und dann waren da die Menschen mit ihren Netzen, in denen sich Stinte verfangen und sterben konnten. Doch Stine war nicht von ihrem Vorhaben abzubringen –

keine guten Worte ihrer Freundinnen, nicht einmal deren herzzerreißende Tränen konnten sie umstimmen. Und so schwamm Stine eines Morgens los, begleitet von den Wünschen ihrer Freundinnen, die sich sicher waren, Stine nie mehr wiederzusehen.

Schon bald konnten Sari und Trine ihre Freundin nicht mehr sehen. Das weite Meer hat Stine gänzlich verschluckt.

Und Stine schwamm voller Mut, immer etwas unter der Oberfläche des Ozeans. Das hatte ihr Pelikano geraten. Und der hatte dann ganz geheimnisvoll von einem Wegbegleiter gesprochen. Die Sonne wärmte ihren dunkelgrünen Rücken. Stine wusste, wohin sie schwimmen musste, um den weisen Mann zu finden.

Als die Sonne dann am Ende des ersten Tages unterging, wurde es dunkel um Stine. Sie war zwar vorsichtig, sicherte sich nach allen Seiten ab. Aber sehen konnte sie nichts mehr. Es war stockdunkel.

Um sie herum vernahm sie Geräusche, die sie noch nie gehört hatte. Stine war es schon ziemlich mulmig, fast unheimlich zumute. Da meinte sie, in der Ferne einen Schatten ausmachen zu können, groß, unförmig, still auf einer Stelle verharrend. Neugierig schwamm Stine auf diesen Schatten zu, der plötzlich sein Maul öffnete: «Was machst du denn hier?», fragte er mit weicher, tiefer Stimme. Und Stine erzählte von ihrem Plan.

«Das schaffst du nicht alleine!», erklärte der Schatten. «Da brauchst du Hilfe!»

«Aber wer bist du denn?», fragte Stine.

«Ich bin Buckolino», antwortete dieser traurig. «Mich hat meine Familie vor vielen Jahren ausgestoßen, weil ich so furchtbar hässlich bin.» Er stockte: «Das wirst du morgen selbst sehen können, wenn die Sonne das Meer erleuchtet.» Buckolino machte eine Pause: «So, und nun komm mit. Ich kenne den Weg.»

Aber Stine zögerte: «Hat dich Pelikano geschickt?»

«Klar», grunzte Buckolino. «Der macht sich Sorgen um dich. Und ich soll mich um dich kümmern!»

Irgendwie war Stine erleichtert. So lang und unheimlich hatte sie sich die Reise nicht vorgestellt.

Stine schwamm im Schlepptau von Buckolino. Als dann der Tag anbrach, erschrak Stine, als sie den riesigen Buckel auf Buckolinos Rücken erblickte. Wirklich schrecklich, richtig hässlich sah der aus. Aber sie spürte, dass sie sich auf Buckolino verlassen konnte. Der war, wie er Stine erzählte, ein ganz, ganz alter Buckellachs, der schon so lange im Meer lebte, dass er alle Gefahren kannte. Stine fühlte sich aufgehoben bei ihm. Nur wenn sie ihn anschaute, dann erschrak sie jedes Mal aufs Neue.

Eines Tages stoppte Buckolino. «Von hier musst du jetzt alleine weiterschwimmen», sagte er leise.

«Kommst du nicht mit?», fragte Stine vorsichtig.

Buckolino schüttelte sich, sodass sich sein Buckel heftig hin und her bewegte. «Das Wasser ist hier zu flach», erklärte er.

«Aber du wartest hier auf mich?», erkundigte sich Stine.

«Ich warte auf dich. Ist doch klar!», lachte Buckolino. «Und vergiss nicht: Am dritten Fluss, dort wo die Strömung ganz heftig ist, da musst du rein!»

Nun schwamm Stine alleine weiter. Sie war sich sicher, bald den weisen Mann zu treffen. Als die starke Strömung ihren Körper erfasste, schwamm Stine kraftvoll dagegen an. «Bald habe ich es geschafft», dachte sie.

Doch plötzlich tauchte da eine Mauer vor ihr auf. Davon hatte Buckolino nichts erzählt. Sie schwamm vorsichtig um die Mauer herum. Und zack! hatte sie sich in einem Netz verfangen. Sie zappelte und zappelte und zappelte. Es half nichts. Stine war gefangen. Verzweifelt musste sie feststellen, wie ihre Kräfte schwanden. Sie würde ihre Freundinnen nie mehr wiedersehen. Und auch Buckolino nicht. Und den weisen Mann sowieso nicht.

Da bewegte sich das Netz in die Höhe. Als es an der Wasseroberfläche auftauchte, griff eine warme, faltige Hand nach ihr und befreite sie aus dem Netz. Stine blickte in ein gutmütiges Gesicht mit großen blauen Augen, einem weißen Rauschebart und unzähligen Runzeln auf der Stirn.

«Wer bist du?», schrie Stine. «Lass mich los! Lass mich sofort los!»

«Ich bin Momme!», beruhigte der alte Mann Stine: «Ich bin Momme, der Fischer! Deine Mutter hat dir von mir erzählt. Ich bin der Freund der Stinte.»

«Und warum?» Stine war außer sich vor Freude.

«Und warum?» Momme senkte seinen Blick und sah Stine an: «So wie es im Wald Lerchen mit ihrem klaren, reinen Gesang gibt, so gibt es im Wasser die Stinte.» Er machte eine Pause: «Ihr seid die Lerchen des Meeres!»

«Und du findest nicht, dass wir stinken?»

Momme schüttelte sein weises Haupt: «Nein, ihr habt einen kräftigen Geruch, der an frische Gurken erinnert. Der ist wirklich außergewöhnlich!»

«Danke!», antwortete Stine.

Momme setzte Stine wieder ins Wasser: «Jetzt schwimmst du noch etwas aufwärts. Dann kommst du auf eine sandige Bank am Grunde des Flusses.»

Aufgeregt zappelte Stine weiter, fand die Sandbank im braunen Wasser, schwamm ein paarmal darüber weg, dachte an ihre Mutter, die hier ihre Eier abgelegt hatte, aus denen Stine dann entstanden war.

«Jetzt muss ich zurück, Sari und Tine davon berichten. Und diese Meerforellen mit ihren blöden Sprüchen werden sich ärgern.»

Stine kam wieder bei Momme vorbei und tauchte aus dem Fluss auf. «Tschüs, Momme!», rief sie. «Und danke!»

«Keine Ursache!», lachte Momme. «Grüß Buckolino von mir!»

«Kennst du ihn?» Stine war neugierig.

«Klar! Den haben wir dir geschickt, damit dir nichts passiert!»

«Auch dafür danke!», rief Stine und verschwand im Meer.

Als sie nach einiger Zeit Buckolino in den klaren Fluten des Ozeans entdeckte, schwamm sie aufgeregt auf ihn zu und erzählte ihm von ihren Abenteuern.

«Hat sich dein Herzklopfen denn gelohnt?», wollte Buckolino wissen.

Stine schaute ihn an: «Jetzt weiß ich, woher ich komme. Und ich stinke nicht! Ich bin eine Lerche des Ozeans!»

 Nach der Geschichte blickt Lina hoch in den Nachthimmel und blinzelt den Sternen zu.

«Wenn Stine rausgekriegt hat, woher sie kommt, dann schaffen wir das bestimmt auch!»

Sie begutachtet Lumins Haare. Die sind jetzt wieder kürzer und glatt.

«Also, deine neue Frisur kommt mir jedenfalls bekannt vor.»

Lumin fährt sich mit den Fingern durch die Haare. «Mir auch. Ich glaube, so wie jetzt hat es sich schon mal angefühlt.»

Das Licht eines besonders hellen Sterns beleuchtet Lumins Kopf. Jetzt kann Lina die Haarfarbe erkennen.

«Oje, Lumin, aber jetzt sind deine Haare wieder grün!»

Verwirrt wendet sich Lumin an den weisen Jau-Jau.

«Was soll das denn heißen? Drehen wir uns im Kreis?»

Jau-Jau zwinkert ihnen Mut machend zu. «Vielleicht seid ihr dem Ziel näher, als ihr denkt.»

Lumin schaut nach oben und sucht eine Antwort in den Sternen. «Und wenn das Ziel ganz weit entfernt ist? Wir könnten ja auch von einem entfernten Planeten kommen.»

«Du meinst, dann wären wir so was wie Außerirdische?»

Ungläubig sucht Lina unter den Sternen nach einem, der ihr vertraut vorkommt.

«Da! Dieser ganz helle Stern? Was ist das denn für einer?»

«Jau. Das ist die Venus», erklärt der weise Jau-Jau.

«Warst du da auch schon mal?», will Lumin wissen.

«Ich nicht.»

«Aber du kennst bestimmt jemanden, der schon einmal dort hingereist ist, oder?»

«Jau.»

Der weise Jau-Jau nickt und erzählt seine nächste Geschichte …

Prinz Narami und
die Venusperle

Prinzen, die auf der Suche nach Prinzessinnen sind, gibt es viele. Diese Geschichte handelt von einem Prinzen, der den ganzen Weltraum durchreiste, um seine Prinzessin zu finden: die Sternenprinzessin Vayla. Sie war auf der Venus zu Hause, dem hellsten Himmelskörper, der am Abendhimmel leuchtet, ganz in der Nähe des Mondes. Mit einer Sternschnuppe hatte sich Prinzessin Vayla eines Nachts auf die Reise zum Jupiter gemacht. Denn hier lebte Prinz Narami.

In ihren Träumen waren sie sich schon oft begegnet. Und beide glaubten zunächst, der andere wäre wirklich nur ein Traum. Oder etwa nicht? Prinzessin Vayla hielt die Ungewissheit nicht mehr aus. Sie wollte herausfinden, ob es diesen Prinzen wirklich gab. Deswegen machte sie sich auf ihre Sternschnuppenreise.

Narami wusste von alldem nichts, und so konnte er auch nicht ahnen, dass die Prinzessin den Jupiter nie

erreichte. Das Letzte,
was der Prinz jedoch von
ihr hörte, war ein Hilferuf in
seinem Traum. Allerdings konnte
Narami nicht erkennen, woher diese Nachricht kam. Auf jeden Fall spürte er, dass dieser Hilferuf echt war. Die Prinzessin musste in großer Not sein. Narami zögerte keinen Augenblick und machte sich sofort auf, um nach Vayla zu suchen.

Der Prinz reiste durch den ganzen Weltraum und nahm große Abenteuer auf sich, um die Prinzessin zu finden. Er kämpfte gegen einen Blitze spuckenden Gewitterdrachen und konnte ihn besiegen. Er schaffte es, sich aus dem Würgegriff einer Riesenschlange zu befreien, die so groß war, dass sie sich einmal um den Mond schlängeln konnte. Und auch das Nebeltal der siebentausend giftigen Skorpione durchquerte er mutig und unversehrt. Doch nirgends konnte er eine Spur von Prinzessin Vayla entdecken. Narami suchte immer weiter, auch auf den entferntesten Planeten. Die Prinzessin blieb jedoch verschwunden.

So kam es, dass der Prinz eines Tages auf der Erde landete … Aber wen er hier auch fragte, keiner hatte je etwas von einer Sternenprinzessin gehört. Narami wusste nicht mehr, wo er noch suchen sollte. Ratlos setzte er sich auf einen großen Stein am Rande des Meeres und sah abwesend den Wellen zu, wie sie mit ihren Schaumkronen die Kiesel am Strand umhüllten.

«Dann ist meine Suche hier wohl zu Ende», dachte er laut. Und der Prinz seufzte, weil es ihm so schwerfiel, sich damit abzufinden, dass er nichts mehr tun konnte. Immer noch starrte er auf die Wellen und spürte ihre Auf- und Abbewegung in seinem ganzen Körper – von den Zehenspitzen bis zum äußersten Rand seiner Ohrläppchen. Narami atmete tief durch und wurde langsam ruhiger.

Da tauchte eine Nixe aus den Fluten auf. Narami bemerkte sie erst gar nicht. Deswegen spritzte die Nixe dem Prinzen etwas Wasser ins Gesicht.

«Na endlich, ich dachte schon, du kommst gar nicht mehr!»

Narami wischte sich die Augen. Er glaubte zu träumen.

«Hast du auf mich gewartet?»

«Eine halbe Nixenewigkeit. Bei den Schuppen meines Fischschwanzes, ich dachte schon, du hörst nie zu suchen auf.»

«Ich wollte eigentlich auch gar nicht damit aufhören.»

«Dein Glück, dass du einmal nicht das getan hast, was du wolltest.»

«Wie meinst du das?»

«Sag mal, lebst du auf dem Mond oder was? Hast du noch nie gehört, dass man aufhören muss, etwas zu suchen, wenn man es finden will?» Prinz Narami sah die Nixe mit großen Augen an.

«Woher weißt du das?»

«Jeder weiß das. Jede Möwe, jede Welle, jeder Kieselstein.»

«Nur ich weiß es nicht», stellte der Prinz zerknirscht fest. «Ich weiß ja noch nicht einmal, wie du heißt.»

«Ich heiße Xenia. Und du bist Prinz Narami, stimmt's?»

Der Prinz war so verblüfft, dass er nichts mehr sagen und nur noch nicken konnte.

Die Nixe fing an zu lachen.

«Na gut, bevor es dir jetzt ganz die Sprache verschlägt, erzähl ich dir, woher ich das weiß. Von Prinzessin Vayla.»

Als der Prinz den Namen der Prinzessin hörte, pochte sein Herz mit einem Mal doppelt so schnell.

«Xenia, heißt das, du weißt, wo sie ist?»

«Zugegeben, genau weiß ich es nicht. Aber sie müsste hier ganz in der Nähe sein.»

Aufgeregt begann der Prinz sofort lauthals nach der Prinzessin zu rufen. Bis die Nixe ihm auf die Schulter tippte.

«Ich fürchte, sie kann dich nicht hören.»

Langsam wurde Narami ungeduldig.

«Xenia, jetzt sag schon, was ist mit Prinzessin Vayla passiert?»

Und die Nixe erzählte ihm, was geschehen war.

«Als sich die Prinzessin mit der Sternschnuppe auf die Reise zu dir machte, verirrte sie sich im Nachthimmel und landete schließlich hier auf der Erde. Aus Verzweiflung darüber, dass sie nicht wusste, wie sie zurückkommen sollte, weinte sie bittere Tränen, die sich in lauter Perlen verwandelten und bis heute von den Muscheln im Meer aufbewahrt werden. Der Kummer der Prinzessin war so groß, dass sie sich am Ende selbst in eine Tränenperle verwandelte und, von einer Muschel beschützt, im Meer Unterschlupf fand.»

Prinz Narami wollte nicht glauben, was er da hörte.

«Prinzessin Vayla ist in eine Perle verzaubert worden?»

«Ja. Hier im Meer wird sie von allen ‹die Venusperle› genannt. Aber das ist nicht weiter schlimm», erklärte die Nixe zuversichtlich. «Denn wenn du die Venusperle findest, wird sie wieder entzaubert.»

«Aber die Perle ist doch in einer Muschel, und die ist wahrscheinlich tief unten im Meer!»

«Na ja, ein bisschen abtauchen müssen wir schon. Aber das ist doch kein Problem. Oder bist du etwa wasserscheu?»

Xenia kicherte, weil sie den Gedanken so lächerlich fand.

Doch dem Prinzen war gar nicht nach Lachen zumute. Denn genau das war seine schwache Stelle. Er traute sich nicht, im Meer zu schwimmen. Und an Tauchen war gar nicht zu denken. Die Nixe machte sich über ihn lustig.

«Was bist du denn für ein Weichei! Du willst gegen Drachen und Riesenschlangen gekämpft haben?»

«Die waren ja auch nicht im Meer», gestand der Prinz kleinlaut. «Und überhaupt, es gibt so viele Muscheln im Meer. Wie soll ich da nur die richtige finden?»

«Du findest sie, weil du der Einzige bist, der die Prinzessin erlösen kann.»

«Wenn du dich da mal nicht täuschst, Xenia. Warum sollte das gerade jemand sein, der so wasserscheu ist wie ich?»

«Sei doch froh. Jetzt kannst du lernen, deine Furcht vor dem Wasser zu überwinden. Und dafür bekommst du die Prinzessin. Na, dafür lohnt es sich doch, es zu versuchen!»

Der Prinz gab sich alle Mühe, mutig zu sein. Aber die Angst schnürte ihm fast die Kehle zu. Er fühlte sich ganz und gar hilflos.

Die Nixe versuchte ihm Mut zu machen.

«Narami, du hast den ganzen Weltraum durchreist. Jetzt kannst du doch nicht so kurz vor dem Ziel aufgeben! Schick deine Angst wie eine Rakete in den Weltraum, hör auf, dir vorzustellen, was alles Schlimmes unter Wasser passieren kann. Denk nicht mehr nach. Bleib einfach immer dicht bei mir. Schau dir all die wunderbaren Dinge an, die es im Meer gibt, und freu dich dran. Und du wirst sehen, die Strömung treibt uns direkt zur Muschel mit der Venusperle.»

Die Nixe schnippte mit den Fingern und hielt mit einem Mal eine Taucherbrille mit einem golden glänzenden Schnorchel in der Hand.

«Hier! Mit diesem Zauberschnorchel hast du immer genug Luft. Vertrau mir!»

Der Prinz zögerte noch einen Moment. Da kamen Krebse von allen Richtungen angekrabbelt. «Wir drücken dir die Scheren!», riefen sie und winkten Narami Mut machend zu. Das sah so lustig aus, dass der Prinz lachen musste, und mit einem Mal war seine Angst wie verflogen. Er setzte die Taucherbrille auf und folgte der Nixe ins Meer.

Als sie etwas tiefer abtauchten, kreiste sie ein Schwarm von kleinen, silbrig glänzenden Sardinen ein. Narami wurde nervös und wollte schon anfangen, panisch mit Armen und Beinen zu rudern. Aber Xenia beruhigte ihn: «Sie sind neugierig. Wenn du ihnen nichts tust, tun sie dir auch nichts. Der Prinz sah sich die Fische genauer an. Auf einmal änderten sie ihre Richtung, schwammen durcheinander und bildeten mit ihren Körpern Buchstaben und Worte. Und Narami las ihre Botschaft: «Du schaffst es!» stand da, von Hunderten Sardinen geformt.

So angespornt, tauchte Narami mit kräftigen Zügen der Nixe hinterher. Er fühlte sich im Wasser immer wohler, und übermütig überholte er Xenia. Dabei merkte er nicht, wie er von einer Strömung erfasst wurde, die ihn direkt auf eine Felsenhöhle zutrieb.

«Achtung! Muränengefahr!», konnte Xenia gerade noch rufen, da erschien auch schon eine riesige Tigermuräne im Eingang der Höhle. Sie sah aus wie ein großer gelbbraun getigerter Schlangenfisch. Drohend öffnete sie ihr großes Maul mit den spitzen Zähnen und knurrte: «Ich habe schon größere Fische als dich verspeist. Und ich warne dich. Eh ich in deiner Bratpfanne lande, mache ich Hackfleisch aus dir.»

Der Prinz zögerte einen Moment. Erst wollte er sein Schwert ziehen. Aber dann kam ihm der Gedanke, dass die Muräne vielleicht auch Angst hatte. So ließ er sein Schwert stecken und erklärte ihr: «Aber ich möchte dich doch gar nicht braten. Ich will nur an dir vorbeischwimmen.»

«Ach so? Wirklich?», erwiderte die Muräne und klappte erstaunt ihr Maul auf und zu. «Dann sag das doch gleich!» Neugierig beäugte sie Narami ganz genau.

«Bist du vielleicht der Prinz, der die Venusmuschel sucht?»

«Ja, weißt du, wo sie ist?»

«Hinter diesem Felsen ist ein langer Spalt. Wenn du den entlangschwimmst, kommst du direkt zu ihr.»

Der Prinz bedankte sich und winkte der Nixe, ihm zu folgen. Xenia staunte. «Ich wusste gar nicht, dass Tigermuränen so nett sein können.»

Und noch mehr staunte sie, wie mutig der Prinz voranschwamm.

Hinter dem Felsen fanden sie den Spalt, von dem die Muräne gesprochen hatte. Am Eingang entdeckte Narami einen roten Seestern. Der pfiff und zeigte mit all seinen Armen in den Spalt hinein.

Narami konnte es kaum noch erwarten und schwamm immer schneller. Bis er in der Ferne eine kleine Sandbank sah, und mittendrin leuchtete die Muschel. Mit kräftigen Zügen steuerte der Prinz darauf zu. Je näher er dem Ziel kam, desto ruhiger wurde er. Ganz im Gegensatz zur Nixe. Xenia wackelte so aufgeregt mit ihrem Fischschwanz, dass der feine Sand am Boden hochwirbelte und das Wasser davon ganz trüb wurde.

Als sich der Sand wieder legte, konnten sie die Muschel genauer betrachten. Jetzt bekam Xenia einen Schreck.

«Ups! Aber sie ist ja fest verschlossen.»

Das hatte die Nixe nicht erwartet. «Tut mir leid, Prinz Narami, jetzt weiß ich auch nicht mehr weiter.»

Aber der Prinz lächelte nur. Narami spürte, was er zu tun hatte. Ganz sanft berührte er die Muschel, und wie von Zauberhand auseinandergezogen, öffnete sie sich, und innen schimmerte perlmuttrosa eine große Perle.

Vorsichtig nahm der Prinz die Perle hoch, hielt sie mit beiden Händen wie einen kostbaren Schatz und zeigte sie Xenia. Sie klatschte vor Begeisterung in die Hände. Und alle Meereswesen freuten sich mit Narami. Es kamen Trompetenfische angeschwommen und bliesen einen fröhlichen Marsch, Pistolenkrebse gaben Jubelböllerschüsse ab, und Garnelen führten einen

Freudentanz auf. Nur der Kugelfisch blies sich vor Sorgen auf zu einer großen Kugel. «Noch ist die Perle nicht entzaubert!»

Aber Narami zweifelte keinen Augenblick daran, dass die Verwandlung bald geschehen würde. Alles zu seiner Zeit.

Der Himmelsguckerfisch gab ihm ein Zeichen. «Zeit zum Auftauchen, Narami! Eine Sternschnuppe ist schon unterwegs.»

Der Prinz bedankte sich freudig bei der Nixe Xenia und all seinen Meeresfreunden. Dann tauchte er mit der Perle wieder nach oben und schwamm zum Strand zurück.

Als Narami aus dem Wasser stieg, fiel eine Sternschnuppe vom Himmel und berührte die Perle. Alles wurde in magisch rotgoldenes Licht getaucht … und plötzlich stand Prinzessin Vayla vor ihm. Der Prinz und die Prinzessin fielen sich überglücklich in die Arme und reisten auf einem Mondstrahl gemeinsam zur Venus zurück.

Und seitdem leuchtet die Venus ganz besonders hell am Abendhimmel …

Lina, Lumin und Jau-Jau blicken in
den Nachthimmel. Die Venus leuchtet
immer noch. Eine Sternschnuppe
saust an ihnen vorbei. Und in ihrem
Licht sehen sie, dass Lumins Haare jetzt
schwarz sind, schwarz wie die Nacht.

«So gefällst du mir auch gut», meint Lina.

«Ach, mir ist es mittlerweile egal, welche Haarfarbe
ich habe.»

«Willst du jetzt gar nicht mehr wissen, woher du
kommst?»

Lumin überlegt einen Moment. «Vielleicht komme
ich ja von der Venus, vielleicht aber auch nicht. Aber
wo immer ich auch herkomme, ich bin froh, dass ich
dich getroffen habe, Lina.»

Lina weiß erst gar nicht, was sie sagen soll. Mit einem
Mal fällt ihr ein: «Ich habe mir ja auch gewünscht,
so jemanden wie dich zu treffen, jemanden, der mich
versteht und nicht immer sagt: Das gibt es nicht.»

«Du meinst, du hast mich herbeigewünscht?»

Lina zuckt mit den Schultern. Sie ist sich da selber
nicht ganz sicher. «Jau-Jau, glaubst du, es gibt so
etwas?»

«Es gibt alles, was du dir vorstellen kannst.»

In diesem Augenblick fängt es an zu regnen. Es ist
ein warmer Regen. Dicke Tropfen fallen herab und

schimmern im Sternenlicht wie funkelnde Kristall-kugeln.

Fasziniert beobachtet Lina die glitzernden Tropfen.

«Jau-Jau, meinst du, wir können uns auch vorstellen, so klein zu sein, dass wir in so einen Regentropfen hineinpassen?»

«Jau. Versucht es doch mal.»

Lumin verzieht zweifelnd das Gesicht. «Nee, das geht bestimmt nicht. Das klappt nie!»

«Jetzt redest du ja schon wie mein Papa», stellt Lina enttäuscht fest.

«Ich kann es mir einfach nicht vorstellen», entschul-digt sich Lumin. Der Weise nickt.

Lina ist empört. «Gibst du ihm etwa recht?»

«Jau. Wenn er es sich nicht vorstellen kann, dann geht es nicht.»

«Aber er kann es doch mal versuchen.»

Lumin betrachtet die Regentropfen ganz genau. «Na gut. Ich probier's. Aber nur, wenn ihr mitmacht.»

«Na klar!», ruft Lina begeistert. Erwartungsvoll schaut sie Jau-Jau an.

«Jau», meint der.

Und so kommt es, dass Jau-Jau die nächste Geschichte nicht nur erzählt, sondern selbst miterlebt …

Die Wunschblase

Die Nacht war windstill. Kein Lüftchen regte sich. Hell funkelten die Sterne am Himmel und bildeten ein blinkendes Lichtmuster. Keine Wolke war zu sehen. Trotzdem fiel warmer Regen vom Himmel in dicken, schillernden Tropfen.

Lina, Lumin und Jau-Jau schwebten mit ihrem Fesselballon durch die Nacht und beobachteten die Tropfen. Sie konzentrierten sich auf jeden einzelnen. Und sie stellten sich vor, wie es sich wohl anfühlen würde, wenn sie selbst so klein wären, dass sie in so einen Tropfen hineinpassten. «Konzentriert euch genau darauf, denkt an nichts anderes mehr», erklärte Jau-Jau.

Plötzlich schwebte ein Tropfen vom Himmel hernieder und landete auf dem Korb des Ballons. Er wurde größer und größer – oder wurden Lina, Lumin und Jau-Jau immer kleiner? Jedenfalls war der Tropfen am Ende größer als der Fesselballon mitsamt den dreien. Er war zu einer riesig großen Blase geworden, die Lina, Lumin und Jau-Jau samt dem Fesselballon nun umgab. Schaukelnd schwebte sie mit ihnen durch den Nachthimmel.

Lina, Lumin und Jau-Jau guckten durch die Hülle hindurch. Sie schillerte wie ein Regenbogen: rot-gelbgrün-blau-lila.

«Es funktioniert ja wirklich!», jubelte Lina.

Lumin staunte, seine Augen wurden immer größer.

Lina konnte es gar nicht erwarten, noch mehr auszuprobieren.

«Was kann ich mir denn wünschen, Jau-Jau? Alles?»

«Jau. Alles, was du willst!»

«So viel?» Lina wusste gar nicht, wo sie anfangen sollte. Sonst hatte sie immer alle möglichen Wünsche. Jetzt fielen ihr mit einem Mal keine mehr ein. Sie versuchte sich an ihre letzten Wünsche zu erinnern. Was war das noch? Eine neue Puppe? Ein Fernseher für ihr Kinderzimmer? Eine Riesenportion Eis? Aber was sollte sie hier oben im Himmel in der Wunschblase damit? Hier war sie irgendwie wunschlos glücklich. Doch dann fiel ihr doch etwas ein …

«Jau-Jau, meinst du, ich kann mir auch so eine Wunschblase für meinen Vater wünschen? Dann sagt er vielleicht nicht mehr, dass es so etwas nicht gibt, wenn ich ihm meine Geschichten erzähle.»

«Tja …» Der Weise zögerte. «So eine Wunschblase kann man sich nur selber wünschen.»

«Wusste ich doch, dass es einen Haken gibt.»

Aus lauter Enttäuschung knabberte Lina an ihren Fingernägeln. Als sie mitbekam, wie Jau-Jau es merkte, versteckte sie ihre Hand schnell hinter dem Rücken. Ihre Eltern schimpften immer, wenn sie an den Fingernägeln knabberte. Sie wollte nicht, dass Jau-Jau auch schimpfte. Aber der Weise schwieg und lächelte nur. Lina war es, als könnte er ihre Gedanken lesen.

Inzwischen hatte auch Lumin seine Sprache wiedergefunden. Er hatte die Unterhaltung genau verfolgt und sich auch so seine Gedanken gemacht. Und er wollte Lina gerne irgendwie helfen. Allerdings wusste er nur noch nicht, wie.

«Gibt es denn wirklich keine Möglichkeit, Linas Vater in so eine Wunschblase zu bekommen?»

«Jau. Da war er bestimmt schon mal drin.»

«Mein Papa? Das glaube ich nicht!»

«O ja. Ich selbst habe mit ihm auch schon so eine Reise gemacht.»

Und Jau-Jau holte ein Bild aus einer seiner vielen Taschen. Darauf war ein kleiner Junge zu sehen, der mit Jau-Jau in einem Piratenschiff, umgeben von einer großen Wunschblase, durch den Himmel segelte.

«Aber das ist doch nicht mein Papa!», wehrte Lina ab.

«Jau. Doch, das ist dein Papa. So hat er sich gemalt, als er etwa so alt war wie du.»

Lina nahm das Bild und schaute es sich genau an.

Dann reichte sie es Lumin. «Das ist ja stark!», bemerkte er. «Und wo ist seine Wunschblase jetzt?»

Jau-Jau seufzte. «Irgendwann ist sie verschwunden, geplatzt wie ein riesiger Luftballon. Und jetzt kann er sich nicht mehr daran erinnern.»

«Der Arme!» Lina tat ihr Papa leid. «Wie schade! Ich wollte ihm immer mal meinen Drachen zeigen. In so einer Wunschblase hätte ich das vielleicht machen können.»

«Du kannst ihn ja uns zeigen», schlug Lumin vor.

Lina wollte es probieren. Das war gar nicht so einfach. Sie hatte den Drachen bisher ja nur gemalt. Sie versuchte sich genau daran zu erinnern, wie er ausgesehen hatte: ein dicker grüner Körper mit bunten Schuppen, ein langer Hals mit einem großen Drachenkopf, zwei grünfunkelnden Augen, eine Drachenschnauze mit gefährlich spitzen Zähnen und zwei dunklen Nasenlöchern, aus denen der Drache Feuer speien konnte. Und vom Kopf über den Rücken bis zum Schwanz hatte Linas Drache rote Zacken. Er hatte auch einen roten Schwanz, an dessen Ende ein spitzer Drachenstachel saß. Flügel hatte der Drache auch. Wenn er sie ausbreitete, waren sie fast so groß wie die Flügel eines Flugzeugs. Lina stellte sich vor, dass sie laut rauschten, wenn der Drache durch die Luft flog.

Mit einem Mal hörte sie ein lautes Rauschen. «Ja, so hört sich wohl auch mein Drache an», erklärte sie.

126

Und da kam er auch schon durch die Nacht geflogen. Als großer, dunkler, gezackter Schatten näherte sich der Drache der Wunschblase, in der Lina, Lumin und Jau-Jau saßen. Gefährlich sah er aus. Und als er jetzt so auf Lina zuflog, bekam sie plötzlich doch Angst. «Oje. Bestimmt ist das ein gefährlicher, böser Drache!» Und schon öffnete der Drache sein riesiges Maul, sodass man seine spitzen Drachenzähne sehen konnte. Das Maul war so groß, dass die Blase mit Lina, Lumin und Jau-Jau vollständig hineinpasste.

Lina fing an zu zittern. «Wenn er nun …» Weiter kam sie nicht, weil Lumin ihr den Mund zuhielt.

«Halt! Nicht aussprechen. Ich glaube, er macht alles genau so, wie du es dir vorstellst.»

O nein. Lina hatte sich gerade vorstellen wollen, wie er Feuer spie und sie alle verschluckte. Aber dieses Bild verbannte sie gleich wieder. «Ist das wirklich so, Jau-Jau?»

Der Weise nickte. «Du hast dich in die Blase gewünscht, du hast dir den Drachen gewünscht …»

Lina unterbrach Jau-Jau. Sie verstand, was er sagen wollte. «Ach, du meinst, ich kann mir auch wünschen, dass er nicht so böse ist?»

«Jau. Er ist genau so, wie du ihn dir vorstellst.»

Lina atmete auf. «Ich habe mir eigentlich auch immer gewünscht, dass es ein lieber Drache ist, einer, der mein Freund sein könnte.»

Schon blinzelte der Drache Lina gutmütig zu.

«Hat er denn einen Namen?», wollte Lumin wissen.

«Ja, er heißt Flitzblitz», erklärte Lina stolz, und sie winkte dem Drachen zu. «Hallo, Flitzblitz, schön, dass du da bist!»

«Hallo, Lina», antwortete der Drache, und seine Stimme war so laut, dass die ganze Wunschblase zitterte. Aber jetzt hatte Lina keine Angst mehr.

Und der Drache fuhr fort: «Lina, was ich dir immer schon mal sagen wollte …» Er druckste ein wenig herum. «Der Name ‹Flitzblitz› gefällt mir nicht. Ich würde so gerne ‹Furio› heißen, am liebsten sogar ‹Furio Furioso›. Ist das möglich?»

Lina schaute Lumin und Jau-Jau an.

«Mir gefällt ‹Furioso› auch besser», erklärte Lumin.

«Und, Jau-Jau, was sagst du?»

«Jau. Du hast den Drachen geschaffen. Du entscheidest auch, wie er heißt.»

«Bitte, Furio Furioso!» Mit einem bettelnden Blick sah der Drache Lina an. Jetzt erinnerte er sie an den Dackel ihrer Tante. Aber Lina brauchte gar nicht lange zu überlegen. Ihr gefiel der Name auch besser. Also taufte sie ihren Drachen feierlich auf den Namen «Furio Furioso».

Der Drache freute sich so sehr darüber, dass er ein buntes Feuerwerk versprühte, und dazu machte er Musik. Er klopfte mit seiner Schwanzspitze im Sambarhythmus auf seinen bunten Schuppen herum. Die Schuppen klangen wie ein Xylophon, und die Drachenmusik brachte alle Sterne zum Tanzen.

Auch Lina und Lumin fingen an, sich zum Klang der Musik zu bewegen. Jau-Jau sträubte sich erst noch ein wenig. Aber dann wiegte sich auch der Weise im Rhythmus hin und her. So tanzten die drei fröhlich in dieser magischen Nacht.

Und wenn die Reise in der Wunschblase nicht irgendwann zu Ende gegangen wäre, dann tanzten sie vielleicht noch heute …

Aber ein großer Tusch ließ die Blase auf einmal platzen wie einen riesigen Luftballon. Und Lina, Lumin und Jau-Jau landeten mit dem Fesselballon sicher auf dem Boden. Sie hatten ihre normale Größe wieder, und alles war gut.

Das heißt … fast alles. Denn als Lina, Lumin und Jau-Jau sich von der Landung erholt haben und Ausschau halten, wo sie eigentlich gelandet sind, können sie nichts sehen. Um sie herum ist alles schwarz. Noch schwärzer als die dunkelste Nacht. Es ist auch

nichts zu hören, außer den leisen Tönen ihres Atems. Um sie herum ist es still. Lina will schon anfangen, sich Sorgen zu machen. Aber dann fällt ihr ein, dass Jau-Jau ja bei ihnen ist. Und sie stellt sich einfach vor, dass es schon bald hell wird.

Und so geschieht es …

Langsam verliert die Dunkelheit ihre undurchsichtige Schwärze. Es wird heller am Horizont, da, wo sich Himmel und Erde berühren. Lina, Lumin und Jau-Jau erkennen nach und nach, wo sie sind. Sie scheinen auf einer Wiese zu stehen. Aber noch ist alles nur grau, keine einzige Farbe ist zu erkennen. Auch die Blumen auf der Wiese sehen noch aus wie graue, schlafende Schattengebilde. Auf einmal erscheint alles rötlich. Da schaut die Sonne immer mehr am Horizont hervor und bringt mit ihren Strahlen die Farben zum Leuchten. Die Welt um sie herum erwacht zum Leben.

«Das alles schafft das Licht?», wundert sich Lina.

«Jau», meint der Weise. «Ohne das Licht gäbe es kein Leben.»

Staunend schauen Lina und Lumin sich um. Die Landschaft kommt ihnen vertraut vor … die Wiese mit den vielen bunten Blumen, darüber ein stahlblauer Himmel, die strahlende Sonne und die Wolken. Und die Strahlen der Sonne reichen durch die Wolken hindurch bis auf die Wiese hinunter.

Eine Leiter
führt nach oben auf
die Wolke, hinter der die Sonne
strahlt. Lumin steigt hinauf, schaut ins
Sonnenlicht, und seine Haare werden
golden, glänzen wie die Sonne. Er ruft
Lina zu: «Jetzt weiß ich es endlich, ich
komme aus dem Licht!»

«Aber das habe ich doch gemalt»,
wundert sich Lina. «Die Wiese, die Wolke
und die Sonnen kenne ich gut. Komme ich
vielleicht auch daher?»

«Jau», erklärt Jau-Jau.

«Hey, Lina, das ist ja ein Ding! Wir haben es raus-gefunden!», ruft Lumin ihr zu. «Danke, dass du nicht aufgegeben hast!»

«Willst du denn schon gehen?», fragt Lina.

«Es ist doch nur für kurze Zeit. Du weißt ja jetzt, wo du mich findest.»

«Na klar, auf der Wolke unter der Sonne.»

Lumin winkt ihr zu. Und Lina schaut ihm nach, wie er mit dem Sonnenlicht eins wird.

Dann blickt sie sich um … und steht wieder in ihrem Zimmer. Jau-Jau scheint verschwunden.

«Hast du dich wieder unsichtbar gemacht?», ruft Lina ins Zimmer hinein.

«Jau», ertönt es da direkt an ihrer Seite.

«Kannst du dich nicht noch einmal sichtbar machen? Ich meine so, dass auch meine Eltern dich sehen können?», bittet Lina. «Die glauben mir diese Geschichte doch sonst nie.»

«Jau. Ich schau mal zu, was sich machen lässt.»

Zufrieden kuschelt sich Lina wieder in ihr Bett.

Die Tür geht auf, und ihre Eltern kommen herein. Beide lächeln geheimnisvoll, so wie sie immer lächeln, wenn sie eine Überraschung für Lina haben. Und da kündigt Linas Mama die Überraschung auch schon an:

«Hier, guck mal, was Papa für dich gebastelt hat.»

Stolz holt Linas Papa eine leuchtend gelbe Sonne hinter seinem Rücken hervor. Sie hat ein gemaltes Gesicht und lacht.

«Die ist aber schön!», freut sich Lina. «Komm, wir hängen sie ans Fenster, dann kann Lumin sie auch sehen.»

«Wer ist denn Lumin?», will ihr Papa wissen.

Lina will ihm alles erzählen. Aber dann bekommt sie wieder Angst, er würde ihr nicht glauben, Deshalb schlägt sie vor: «Am besten erklärt dir das Jau-Jau.»

«Jau-Jau?» Linas Papa zieht die Augenbrauen hoch und schüttelt ungläubig den Kopf.

«Jau-Jau ist ein Weiser und heißt eigentlich Ibu Alli Dalli Saliba Arriba Tai-Fun al Schock Ibn Ala Basta Wan kum Zasta, und der kann dir bestimmt alles erklären.»

Der Papa schaut Linas Mama seufzend an. «Woher hat sie diese Phantasiererei nur?»

Aber da nimmt Jau-Jau sanft Papas Arm und zieht ihn zur Seite. Lina und ihre Mama beobachten, wie Jau-Jau auf ihn einredet. Der Papa hört aufmerksam zu. Er sagt kaum etwas, nur zwischendurch entfährt ihm ein «Ach so» oder «Aha».

Dann kommen sie zurück, und Jau-Jau klopft Linas Papa freundschaftlich auf den Rücken. Der Papa nickt so, als müsse er noch über ganz viel nachdenken.

«Ja, es gibt wohl doch nicht immer nur eine Erklärung.»

Der Weise schmunzelt. «Jau, frag Lina, die kennt sich aus.»

Dann verabschiedet sich Jau-Jau wieder, um zur Stelle zu sein, wenn jemand anders auf eine Reise gehen will.

Und Linas Papa legt den Arm um seine Tochter. «Also dieser Jau-Jau gefällt mir», sagt er beeindruckt. «Der kann ruhig öfter vorbeikommen.»

«Wirklich?» Lina wirft ihrer Mama einen freudigen Blick zu.

«Na klar. Geschichten kann man doch nie genug hören», meint sie.

Und Linas Papa fährt fort: «Jau-Jau hat mir übrigens auch von Furio Furioso berichtet. Ein toller Name! Ich hatte auch mal einen Drachen, den habe ich ‹Blitzableiter› genannt. Ich denke mal, der Name hat ihm nicht wirklich gefallen.»

«Hast du ihn nie gefragt?»

«Leider nein.»

«Wir können ja mal versuchen, gemeinsam mit ihm zu sprechen», schlägt Linas Papa vor. «Was hältst du davon, wenn wir mit einem Piratenschiff nach ihm suchen? Mit Piratenschiffen kenne ich mich nämlich aus.»

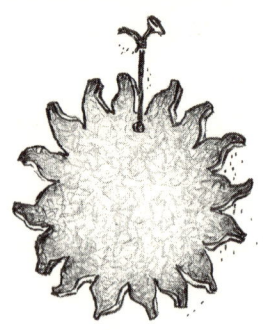

Lina strahlt. «Au ja.» Ihr Papa erinnert sich jetzt wieder an seine Wunschblase, da ist sie sich sicher.

Und Linas Mama nimmt die Sonne. «Lasst sie uns doch gleich im Fenster aufhängen.»

«Genau», meint Linas Papa. «Damit Lumin sie auch gut sehen kann.»

Linas Augen glänzen vor Freude. Endlich glauben ihre Eltern das, was sie erzählt.

Begeistert malt Lina ihre Mama, ihren Papa und auch sich selbst noch auf die Wiese unter ihr Sonnen-Wolken-Bild.

Aus der Sonne heraus winkt ihnen jemand zu.

Und keiner zweifelt mehr daran, dass das Lumin ist!

Nachwort

Die Reise des Helden

Mal angenommen, es gibt etwas, das alle Menschen auf dieser Welt verbindet: alle Menschen, ganz gleich welcher Epoche, ob vor zweitausend Jahren, heute oder in Hunderten von Jahren. Weiter angenommen, es ist etwas, das über rein körperliche Merkmale hinausgeht, etwas, das in den Herzen wohnt, etwas, das die Seele berührt. Was für eine Kraft muss von diesem «Etwas» ausgehen!

Und tatsächlich gibt es etwas, das nachweisbar belegt, was die Magie von Geschichten ausmacht. Es ist ein Muster, ein Ablauf voneinander abhängiger Ereignisse, es sind bestimmte Charaktere, die immer wieder auftauchen. Zusammengefasst wird es unter dem Begriff «Die Reise des Helden».

Diese «Reise» beschreibt ein Prinzip, das den Mythen und Erzählungen aller Völker auf der Welt zugrunde liegt und schon immer lag. Wobei mit Held in diesem Fall nicht «der Held» im wörtlichen Sinne zu verstehen ist, sondern der Held als die Figur, um die sich alles dreht.

Das Prinzip basiert auf einem Konzept, das der Amerikaner Joseph Campbell bei seinen Studien über Mythen und Symbole entwickelt hat. Dabei beruft er sich auf C. G. Jungs Lehre der Archetypen. Archetypen sind innere Bilder, auf die Menschen reagieren, in denen sich Wünsche, Träume und Sehnsüchte ausdrücken.

Und «die Reise» ist als eine Abfolge von Stationen zu verstehen, die der Held durchlebt, durchleidet und durchkämpft, bis er am Ende gereift, geläutert oder gar verwandelt wieder am Anfang ankommt oder weiter voranschreitet zu neuen Abenteuern.

«Hans im Glück» stellt solch einen Helden dar. Er zieht aus, bewährt sich, verdient Gold, tauscht dieses sieben Mal, bis er am Ende, nachdem ihm auch der Stein in den Brunnen gefallen ist, mit leeren Händen dasteht. Aber dieser Eindruck trügt: Seine Hände mögen zwar leer sein, aber er ist gereift, seine Persönlichkeit hat sich entwickelt, und so ist Hans, der zurückkommt, ein anderer als der, der ausgezogen ist, sich zu behaupten.

«Die Reise des Helden» erzählt also davon, wie der Held seine gewohnte Umgebung verlässt, dem Ruf des Abenteuers direkt folgt, um in fremden Welten Bewährungsproben auf sich zu nehmen, dabei spezielle Fähigkeiten erlernt, mit denen er dann Aufgaben löst und entscheidende Prüfungen besteht. Der Held kommt zurück, weil er an den Aufgaben gewachsen ist, sich verändert hat. Er kommt zurück in die gewohnte Welt, um dann weiter in dieser voranzuschreiten.

Bei diesem Prozess hat der Held verschiedene Gegenüber, Freunde, aber auch Feinde, die ihm wichtige Impulse geben, ihm massive Hindernisse in den Weg legen oder aber ihn mit wichtigen Informationen versorgen.

Man kann die Reise des Helden und die Geschichten, die davon erzählen, als ein Grundgerüst nehmen, das auch in unseren Geschichten enthalten ist. Die Geschichten, die von der Reise des Helden berichten, haben eine klare, nachvollziehbare Struktur:

Am Anfang steht ein auslösendes Moment, das den «Stein der Handlung» ins Rollen bringt. Dann geht es für den Helden darum, mit Hindernissen und Problemen fertigzuwerden, um dadurch einen Schritt weiter zu kommen. Zum Schluss löst sich alles. Der Held – und damit auch alle, die sich mit dem Protagonisten identifizieren, können sich über seinen Erfolg freuen.

Die Reise des Helden stellt somit das Prinzip für jeden Lernprozess, für jede individuelle Weiterentwicklung dar.

In den Geschichten für Kinder muss dieses Prinzip enthalten sein. Sie erzählen davon, wie der Held mit seiner Angst umgeht, wie er sich ihr stellt, wie er sie besiegt und dadurch an Stärke gewinnt. So fühlen sich die Kinder angesprochen. So nimmt man sie als Helden ihres Alltags ernst.

Magisch-phantastisches Denken
als Kraftquelle

Im Kindergarten- und im Grundschulalter kommen auf das Kind Entwicklungsaufgaben in emotionaler, sozialer und intellektueller Hinsicht zu: Es lernt, die Sprache differenzierter zu benutzen. Sein Weltwissen wächst. Es nimmt vielfältige, häufig sehr abstrakte Informationen auf. Auch wenn diese Entwicklung manchmal mit ungeheurem Tempo verläuft, so darf man doch nicht übersehen: Kinder lernen auch in dieser Entwicklungsphase über Anschaulichkeit, Konkretion, über das Spiel und das unmittelbare Tun. Und bei allem Wissen, das Kinder besitzen, darf man nicht übersehen: Wenn Kinder manchmal so verständig und wissend erscheinen, dass man den Eindruck von kleinen Erwachsenen in Kindergestalt gewinnen könnte, so sind sie nach wie vor auf ihre phantastisch-magischen Fähigkeiten bei der Erklärung der Welt angewiesen.

- Das Kind empfindet sich in dieser magischen Phase als eine Mischung aus Wissenschaftler und Magier, aus Forscher und Künstler. Auf der einen Seite weiß es um reale Abläufe, weiß um die Hintergründe vieler Dinge. Aber daneben gibt es – ganz zwangsläufig – riesige Lücken, die das Kind mit eigenen Phantasien und selbstgestalteten Überlegungen füllt.

- Kinder denken in Bildern. Und diese vom Kind konstruierten Bilder – seien es das Monster, der Schatten, der imaginäre Räuber – können genauso wahrhaftig sein wie die Wirklichkeit, die das Kind umgibt. Das Kind beseelt Dinge, haucht ihnen Leben ein, gibt ihm eigene Bedeutung. So können die Legosteine im dritten Lebensjahr noch zum imaginären Spielgefährten werden, jene Steine, die das Kind dann vom fünften Lebensjahr an fast nur noch als Spielmaterial ansieht. Wenn im dritten Lebensjahr noch der Batman-Umhang reicht, um sich wie dieses Vorbild zu fühlen, so muss es im siebten Lebensjahr die Gesamtausrüstung sein, um die Phantasie aufzubauen, man sei der Superheld.

- Doch erweist sich die selbstbestimmte Beseelung von Dingen manchmal als widersprüchlich: Sie gibt den Kindern Kraft, um Selbstbewusstsein und Eigenständigkeit zu demonstrieren. Aber durch die magische Besetzung können aus harmlosen Gegenständen oder Situationen schnell fürchterliche Monster werden. Da entstehen aus dunklen Schatten Geister, da werden wehende Gardinen und knarrende Geräusche mit überlebensgroßen Einbrechern gleichgesetzt.

Das magisch-phantastische Denken stellt nichts Wirres, Irres oder Weltabgewandtes dar. Es ist eine altersgemäße Form von Intelligenz, mit der Kinder schöpferisch tätig sind, um ihre Umgebung, ihre Nah- und Umwelten zu begreifen.

Mit dem magischen Denken versuchen Kinder, die sie umgebende Welt zu strukturieren, zu verstehen, sie überschaubar zu machen. In der Magie und im Mythos besitzen Kinder eine eigene Sprache, eine Sprache voller Phantasie, voller Märchen und Geheimnisse, eine Sprache, die Erstaunen und Verwunderung hervorruft, eine Sprache, die Erwachsene nur allzu wenig verstehen, häufig sogar verkennen oder ablehnen.

Deswegen möchten wir allen Eltern ans Herz legen, sich von ihren Kindern inspirieren zu lassen: Nutzen Sie die Kraft kindlicher Kreativität, das Schöpfungspotential von Phantasie. Geleiten und begleiten Sie Ihr Kind auf dem Weg, sich mit den Bildern und Symbolen aus seinem Innersten auseinanderzusetzen. Es ist eine Abenteuerreise, die Reise von Helden, die sich auf den Weg machen, um zu Persönlichkeiten zu werden. Und dazu bedarf es Selbstvertrauen und Vertrauen in die eigenen Kräfte und die eigene Stärke.

Angelika Bartram hat sich mit witzig-phantastischer Unterhaltung in Theater, Hörfunk und Fernsehen einen Namen gemacht. Sie schrieb zusammen mit Jan-Uwe Rogge das Buch «Spiele gegen Ängste» (61719) sowie die Kinderbücher «Kleine Helden – großer Mut» (21338), «Kleine Helden – Riesenwut» (21371), «Kleine Helden – dicke Freunde» (21444), «Kleine Helden – starke Typen» (21487) und die «Dreiminuten-Zahnputzgeschichten» (21542), die alle bei rotfuchs erschienen sind. Im Juni 2011 erscheint «Viel Spaß beim Erziehen» (62684).

Mehr zu der Autorin unter www.angelika-bartram.de

Jan-Uwe Rogge gilt als *der* Experte in Erziehungsfragen. Er ist Familien- und Kommunikationsberater, leitet Seminare für Eltern und Pädagogen. Im Rowohlt Verlag sind von ihm u. a. erschienen: «Ängste machen Kinder stark» (60640), «Das neue Kinder brauchen Grenzen» (62402), «Eltern setzen Grenzen» (62598), «Geschichten gegen Ängste» (60977), «Kinder dürfen aggressiv sein» (61981), «Wut tut gut» (05775), «Wenn Kinder trotzen» (61659), «Ohne Chaos geht es nicht» (60975).

Mehr zu dem Autor unter www.jan-uwe-rogge.de